教育部人文社会科学研究一般项目资助

改革开放以来乡村儿童精神生活的变迁研究

——基于鲁南四村的历史人类学考察

GAIGE KAIFANG YILAI
XIANGCUN ERTONG JINGSHEN SHENGHUO
DE BIANQIAN YANJIU

马银华 王彩霞 张成建 著

山东人民出版社·济南

国家一级出版社 全国百佳图书出版单位

图书在版编目（CIP）数据

改革开放以来乡村儿童精神生活的变迁研究/马银华，王彩霞，张成建著.——济南：山东人民出版社，2018.10
ISBN 978-7-209-10941-3

Ⅰ．①改… Ⅱ．①马… ②王… ③张… Ⅲ．①农村－儿童－文娱活动－变迁－研究－中国－现代 Ⅳ．①G249.2

中国版本图书馆CIP数据核字(2018)第141741号

改革开放以来乡村儿童精神生活的变迁研究
——基于鲁南四村的历史人类学考察

马银华　王彩霞　张成建　著

主管部门　山东出版传媒股份有限公司
出版发行　山东人民出版社
出 版 人　胡长青
社　　址　济南市英雄山路165号
邮　　编　250002
电　　话　总编室（0531）82098914
　　　　　市场部（0531）82098027
网　　址　http://www.sd-book.com.cn
印　　装　济南万方盛景印刷有限公司
经　　销　新华书店

规　　格　16开（169mm×239mm）
印　　张　11.5
字　　数　150千字
版　　次　2018年10月第1版
印　　次　2018年10月第1次
ISBN 978-7-209-10941-3
定　　价　48.00元

如有印装质量问题，请与出版社总编室联系调换。

目　录

绪言：中国乡村儿童的精神生活

　　儿童，是初升的太阳，是民族的希望。关爱儿童，是世界各国永恒的话题。当前，我国乡村社会正在转型，乡村儿童精神生活中存在的问题日益突出。梳理乡村儿童精神生活的变迁情况有助于进一步改善我国当下乡村儿童的精神生活状况。

　　2011年，王鸿涓翻译的《孩提时代：两个传教士眼中的中国儿童生活》进入教育学者、专家和相关研究工作者的视野。两位传教士，美国人泰勒·何德兰和英国人坎贝尔·布朗士，从儿歌、游戏、玩具、故事、民俗等多个角度记录了20世纪初中国儿童的精神生活状况，透视了当时我国儿童精神生活的状态。100年前的中国，内忧外患，饱受欺凌。100年前的中国儿童生活是什么样子？借助外国传教士好奇而独到的目光，我们打开这扇幽闭已久的记忆之门，去听孩子们传唱的儿歌，去了解他们充满机智与快乐的游戏，去领略深藏于忧患中的那些古老而鲜活的、沧桑而稚趣的、童话般的中国风情。原来，中国乡村儿童的生活是如此美妙。可以说，这本著作不仅给了我们一个不同的视角，而且激发了我们对于中国乡村儿童精神生活研究的兴趣。

　　在中国的乡村，儿童的日常生活丰富多彩。自古以来，对儿童、儿童精神、儿童生活等进行描绘和赞美的诗歌数不胜数。

　　宋朝诗人杨万里在《宿新市徐公店》一诗中写道：

篱落疏疏一径深，树头花落未成阴。

儿童急走追黄蝶，飞入菜花无处寻。

在稀稀疏疏的篱笆旁，有一条小路通向远方，路旁树上的花已经凋落，却还尚未形成树荫。儿童们奔跑着追捕蝴蝶，可蝴蝶飞入菜花丛中找不到了……此情此景，美丽的田园风光，欢乐的乡村儿童，真是一幅令人神往的童年生活图景。

清代诗人高鼎的《村居》一诗，在"草长莺飞二月天，拂堤杨柳醉春烟"的自然风景之中，展现了"儿童散学归来早，忙趁东风放纸鸢"的乡村儿童生活趣味图，充满生机，春意盎然。

在诗人笔下，儿童是快乐的，情绪是饱满的，生活是自由自在、令人神往的。在那个年代，童年的快乐不仅仅体现在诗中，而且也体现在现实生活中。

21世纪以来，越来越多的专家、学者发现，儿童的快乐少了，烦恼多了。

美国著名的媒体文化研究者和批评家波兹曼（Neil Postman）在20世纪末首先提出并论证了"电子媒介使得儿童消逝"的命题。他这样说道："不得不眼睁睁地看着儿童的天真无邪、可塑性和好奇心逐渐退化，然后扭曲成为伪成人的劣等面目，这是令人痛心和尴尬的，而且尤其可悲。"改革开放以来，中国乡村发生了非常大的变化。这种变化不仅仅出现在经济、教育方面，而是存在于整个乡村社会及其文化中。外部环境的变化会不会给乡村儿童的生活带来巨大的冲击？中国乡村儿童的精神生活会不会从此不再纯洁和快乐？他们终将走向何方？曾经的乡村，令无数人魂牵梦绕；如今的乡村，生活于其中的儿童希望尽快脱离出去。这是一种怎样的境遇？这些问题，值得我们思考。

谨以此，祝愿所有乡村儿童，不仅在物质上脱贫，而且在精神上脱贫，更重要的是要过上健康、快乐、充实的生活。

第一章　乡村儿童精神生活研究概论

改革开放以来，在"现代文明"的冲击下，乡村传统伦理、观念、习俗和秩序逐渐瓦解，大众传播方式和手段出现较大变化，这些都对儿童的精神成长产生了深刻的影响。当前，很多乡村儿童不同程度地存在着价值观混乱、法律意识淡漠等诸多问题，这些问题的产生与当下乡村儿童精神生活的异化有很大关联。毫无疑问，当前的乡村儿童生活条件越来越好，但精神生活状态令人担忧。

儿童的精神生活关乎他们的成长。精神生活是相对于物质生活而言的，但它们并不是两种对立的生活类型。儿童的精神生活与物质生活之间有着非常密切的关系。这种关系并不是简单的正比或反比关系。在物质贫乏的时代，儿童并没有放弃对精神的追求；在物欲横流的时代，过度的欲望又使得儿童精神生活痛苦不堪。儿童究竟应该过一种怎样的精神生活？针对这一问题，本章对乡村儿童精神生活研究的缘起、内容和方法，国内外的研究现状以及核心概念的内涵进行了概要论述。

第一节　研究的缘起

2014年，"改革开放以来乡村儿童精神生活的变迁研究——基于鲁南四村的历史人类学考察"被确立为教育部人文社科一般基金项目。这对于课题组来说，既是一种认可，也是一种鞭策。该研究意在通过对生活在1980～2010年三十年间儿童的精神生活情况进行梳理，透视当下乡村文化的危机及其对儿童精神生活的消极影响，为儿童精神文明研究做铺垫；认识乡村儿童精神生活变迁的因果关系，重新理解传统乡村文艺、民俗、民间传统对儿童精神成长的意义。课题组于2015年1月至2016年6月在鲁南四村（四村的基本情况将在本章第四节进行详细介绍）对"80后""90后""00后"三代人及部分村民等近百人开展了调研和访谈。

2016年7月至12月，课题组对调研和访谈的所有资料进行了整理和分析。在调研和访谈过程中，课题组深刻感受到为了乡村儿童的健康成长所肩负的重要责任。于是，我们尽最大努力通过长期生活在乡村的村干部、村民的口述，了解乡村儿童所生活乡村的文化和经济发展状况，归纳和总结影响乡村儿童精神生活变迁的因素，并提出相关建议。

儿童时期，是一个人一生都难以忘记、值得永远回味的时期，也是人生中最能孕育梦想的时期。不管是哪个年代的乡村儿童，他们都有一颗纯真的心。童年是一段极其幸福、快乐与难忘的时光。著名作家迟子建曾说过："假如没有真纯，就没有童年。"如果"80后"所过的童年生活还算得上真纯的话，那么"00后"的童年生活已经稍显成熟。在成人的影响下，儿童的生活方式、价值取向变得更加成人化；在电脑、电视的影响下，成人与儿童的界限开始渐渐模糊。农村环境日新月异，这种变化来势汹汹，势不可当。当推土机轰隆隆地开进了农村的土地，当工厂一天天地耸立起来，孩子们的精神生活还会不会保持那份"真纯"，令人深思与质疑。

精神生活的内容对儿童精神的成长有着至关重要的影响。高质量的精神生活既可以挖掘儿童潜在的精神品性，同时还可以培养儿童后天的审美品味。爱尔维修在《论精神》中强调人的本质在于人的精神性，而善恶则是后天获得的。丹麦哲学家克尔凯郭尔则认为"精神就是自我"，人需要通过精神的存在和追求来证明个人的生命力和价值。关于精神的先天和后天之说一直都在争论之中。我国儿童研究专家（以刘晓东、苗雪红为代表）则认为儿童先天的精神潜能有待挖掘，后天的精神修养需要提高，二者正好对应精神生活中的游戏和教育。所以，考察不同年代儿童的精神生活史料，有助于归纳和总结乡村儿童精神的相关因素，对进一步探索如何构建高质量的精神生活具有非常重要的现实意义。

不同年代乡村儿童精神生活的内容必然是不同的，所体现出来的精神面貌也有较大差异。基于此，探索其中的原因和规律就成了课题研究的首要任务。改革开放近四十年来，乡村社会结构和文化不断变迁，我们不能回避教育现代化和社会现代化应有的发展势头。深受经济发展转型和乡村社会变迁影响的乡村儿童的精神生活发生了巨大的变化。今天，"80后"记忆中的露天电影几乎荡然无存，更多的人选择走进电影院或是利用手机、电脑等设备看电影；"80后"热衷的乡村民间游戏和具有乡土气息的简单玩具，现在基本消失，取而代之的是各种新奇的玩具和网络游戏。变化着的现象背后必然存在着一定的规律。因此，站在全球化、现代化的视野下审视我国乡村儿童精神的变迁在当前来说是一件非常迫切的事情。

在调研过程中，课题组深刻体会到乡村儿童对于丰富的精神生活的渴望。当他们觉得无所事事却只能面对电视屏幕时，他们的命运是悲哀的。我们应该同情他们还是帮助他们？当前的乡村在城镇化进程中几乎是跨越式发展的，但是，乡村的变革没有基于乡村自身的特色，未遵循经济社会发展的自然规律，乡村的发展以牺牲其传统为代价，所以，生活于其中的儿童的精神生活出现了新的现象和问题。优质的资源、文化被摒弃了，优良的传统得不到继承和发扬。在成人急功近利做法的影响下，儿童也变得浮躁与不安，找不到方向。故而，我们要关注乡村儿童，关注乡村儿童的精神生活！

第二节　国内外研究综述

关爱儿童，是世界各国学者关心、研究的重要课题之一。目前，国内外关于儿童、精神生活和儿童精神生活的研究很多，所涉及的学科领域包括心理学、社会学、哲学、教育学等。

一、国外研究现状

国外较早对中国乡村儿童精神生活的研究，散见于西方传教士、汉学家留下的日记、笔记和传记中。其中，代表性的成果有：美国泰勒·何德兰和英国坎贝尔·布朗士所著的《孩提时代：两个传教士眼中的中国儿童生活》、美国汉学家明恩溥所著的《中国的乡村生活》、荷兰学者胡伊青加所著的《人：游戏者》与美国学者尼尔·波兹曼所著的《童年的消逝》等。

《孩提时代：两个传教士眼中的中国儿童生活》一书从多个角度记录了20世纪初中国乡村儿童的生活状况，透视当时乡村儿童精神生活状态。虽然该书作者仅仅是对20世纪初中国儿童的儿歌、游戏、玩具、表演和故事进行白描，但无处不透露出中国儿童充实、快乐、纯洁的精神面貌。

《中国的乡村生活》的作者明恩溥于100多年前来到中国并深谙中国文化，他用日常的所见、所闻、所感，编织了一幅中国乡村图，描绘了20世纪末中国乡村戏剧、民俗等方面精神生活的概貌。

荷兰学者胡伊青加在《人：游戏者》一书中提出"文明发展到今天，游戏因素有着日渐衰落的趋势"。他认为游戏是"生活的一个最根本的范畴"。胡伊青加采取文化—史学的研究路径和方法，且对游戏用语进行了细致的考察，最终得出了"人是游戏者"和"文明是在游戏中并作为游戏而产生和发展起来的"这两个惊人结论，一反西方在人和人性理解上的理性主义传统，着重强调人的游戏本质和游戏因素对于文明的极端重要性。

《童年的消逝》一书的作者波兹曼提出"以电视为中心的媒介环境正在导致童年在北美地区的消逝"。波兹曼认为现代以来所"发现"的童年逐步被媒介文化所解构，童年正在"消逝"。从童年的"发现"，到童年的"消逝"，说明普遍的、固定不变的童年是不存在的。康宁汉认为童年是一种"发明"。波兹曼深受阿利埃斯等儿童历史学家的影响，采用历史建构的方式，从信息传播媒介对人类生活方式的影响入手，分析了信息媒介在人类童年观念的发明以及童年消逝过程中所扮演的角色。当然，其分析的前提和结论也与阿利埃斯保持一致，即童年是一种"社会产物""环境产物"，"童年作为一种社会结构和心理条件，与科学、单一民族的独立国家以及宗教自由一起，大约在16世纪产生，经过不断提炼和培育，延续到我们这个时代。但是像一切社会产物一样，它的持久存在并不是必然的"[①]。他激进地宣称："童年不同于婴儿期，是一种社会的产物，不属于生物学范畴。至于谁是或不是儿童，我们的基因里并不包含明确的指令。人类生存的法则也不要求对成人世界和儿童世界进行区分。事实上，如果我们把'儿童'这个词归结为意指一类特殊的人，他们的年龄在7岁到——比如说——17岁之间，需要特殊形式的抚育和保护，并相信他们在本质上与成人不同，那么，大量的事实可以证明儿童的存在还不到400年的历史。"[②]波兹曼历史地考察了印刷术如何创造了童年而电子媒介又如何使童年消逝。他认为印刷术的发明，创造了以读写能力的拥有为标志的文化意义上的成年和童年的区

---

① ［美］波兹曼：《童年的消逝》，吴燕莛译，广西师范大学出版社2011年版，第5页。
② ［美］波兹曼：《童年的消逝》，吴燕莛译，广西师范大学出版社2011年版，第4页。

分。"未成年人必须通过学习识字、进入印刷排版的世界,才能变成成人。为了达到这个目的,他们必须接受教育。因此,欧洲文明重新创造了学校,从而使童年的概念也变成社会必需的了。"①然而,与此同时,童年消逝的序幕也被新媒介拉开。他断言:"至于童年的概念,我相信,长远来看它一定会成为当今科技发展的牺牲品。电的发明搅乱了使童年产生并得到培育的信息环境。"②所以,波兹曼认定"这个新兴的符号世界其实并不能支持保证童年概念存在所需的社会和知识的等级制度"。从这些论述中可以发现,他完全是站在社会文化的立场上讨论童年的建构,怎样界定童年的概念完全与儿童所掌握的信息数量和范围有关,而且波兹曼主要是基于童年生活演变的社会事实来谈童年观念的社会建构。

另有学者指出,工业化国家中的儿童已经失去了选择何时游戏和在何处游戏的自由,其生活早已被父母规定的严格的时间表和儿童自己从早到晚的活动所控制,创造性的游戏更是被电视和付费游戏所取代。

从上述研究成果中,不难发现儿童及其生活深受学者、专家们的关注:"童年"作为一个社会学概念,其内涵和外延在不断的发展变化中,我们切不可将观念局限在某一时间、地域范围内。游戏、玩具、民俗等文化因素和媒介、工具等环境因素之于儿童的精神成长极其重要,是儿童精神生活中必不可少的内容。

二、国内研究现状

20世纪二三十年代,我国著名社会学家费孝通先生在其《乡土中国 生育制度》一书中,对中国乡村社会进行了微观的社会学考察,其

---

① [美] 波兹曼:《童年的消逝》,吴燕莛译,广西师范大学出版社2011年版,第48～49页。

② [美] 波兹曼:《童年的消逝》,吴燕莛译,广西师范大学出版社2011年版,第173页。

分析框架、主要论题为本研究提供了最经典的文本。

目前，我国就乡村儿童及其精神生活这一问题展开的研究非常多，已经引起了各学科领域研究者的关注和思考。在社会学和人类学领域，很多研究者（王铭铭、周晓虹、李银河、李培林等）利用田野考察的方法，对村落文化、乡村变迁等进行了较为系统的研究，涉及乡村儿童精神生活以及乡村教化这一主题；在民俗、文化学研究领域，很多研究者（王跃年、柯玲等）通过对传统民俗（传说、民间故事、童话、童谣、民间歌谣、婚丧祭祀、民间游戏等）进行梳理和研究，也触及到乡村儿童精神生活问题；在史学界，也有学者（黄书光等）对中国乡村教化问题进行了系统研究，论及了乡村儿童精神和教育问题；在教育学领域，一批研究者（李书磊、刘铁芳、钱理群、司洪昌等）用社会学的方法对乡村文化的变迁与乡村儿童教育进行了深入细致的研究，透视了三十年来乡村儿童精神生活境遇的变迁；也有一些学前教育研究者（刘晓东、丁海东等）从文化哲学角度，对儿童精神、儿童哲学进行了全面理论分析和梳理，产出了一些成果。

另外，在综合研究方面，华东师范大学童世骏教授主持的教育部哲社重大课题"当代中国人精神生活研究"，对中国人的精神生活问题进行了大量调查和跨学科研究，取得了重大研究成果，出版了《当代中国人的精神生活研究》一书。该研究中将精神生活分为"心理生活、文化生活和心灵生活"三部分，并从个体的精神生活、公共文化生活、宗教信仰和精神追求、文学艺术生活等方面，描绘了中国人精神生活的整体概貌，令人深思。

综上所述，中国乡村儿童精神生活状况已经引起各个学科领域的关注和研究，并取得了比较大的进展。但综观已有研究，还存在以下问题：①已有研究比较零散，系统的专题性研究相对较少；②理论性、哲学性的认识和思考比较多，但扎根田野的研究比较缺乏；③针对乡村儿童精神生活三十年历程的考察尤为缺乏，亟需进行历史的回顾与反思。特别是，对三十年来中国乡村儿童精神生活变迁的整体状况，还很少有研究者进行系统分析和研究。

第三节　核心概念的内涵

本研究涉及儿童和精神生活两个重要的核心概念，本节针对这两个核心概念进行更深入的阐释。

一、儿童观：关于儿童是谁

古今中外关于儿童的论述不少。"儿童"是一个晚近的概念，其一直要到17世纪，随着新教以及中产阶级的兴起才逐步被建构起来。

对于儿童概念的理解，各领域一直在讨论。在心理学或生理学领域，儿童是事实性的，儿童心理包括知、情、意、行各方面的发展规律是学者们关注和研究的重点；在哲学领域，儿童究竟是谁的问题颇受争议，主流观点也一直处于发展变化中；在社会学意义上，儿童一般是作为未成年人这样一个特殊的受保护群体来对待。不同的研究视角，对儿童有着不同的理解。但随着讨论的深入，关于"儿童究竟是谁"虽没有一致的说法，却有了可意不可言的一致内涵。

（一）社会学的角度：从儿童与成人的关系看儿童

1.儿童是弱者

目前，关于儿童的年龄范围仍然存在争议。社会公认的儿童是0～14岁，此类人群正处于学龄前、小学和初中阶段。国际《儿童权利公约》界定的儿童系指18岁以下的任何人。

儿童期，是人成长中的一个启蒙阶段。古语言："三岁看大，七岁看老。"儿童期是一个人身心发展的关键时期。中国人耳熟能详的"孟母三迁"的故事正说明了这个道理。孟子小时候很贪玩，模仿性很强。他家原来住在坟地附近，他常常玩筑坟墓或学别人哭拜的游戏。孟母认为这样不好，就把家搬到集市附近，孟子又玩模仿别人做生意和杀猪的游戏。孟母认为这个环境也不好，就把家搬到学堂旁边。孟子就跟着学生们学习礼节和知识。孟母认为这才是孩子应该学习的，心里很高兴，就不再搬家了。

儿童是弱者，不仅表现为生理年龄小，不能自立，而且心理各要素还处于发展之中。在简单的衣食住行方面，儿童需要依赖成人；在复杂的生活抉择、投入等方面，儿童更需要有成人的指导。所以，儿童需要保护，需要引导，需要成长。

由于儿童的"弱"，他们身上显现出了纯真、善良的特质。对成人来说，童年是人生中非常宝贵的阶段。任何一个成人都是从童年成长起来的，都有过一段美好的童年时光。对于成人来说，童年是美好的，儿童是可爱的。当下，受进化论思想的影响，人们更倾向于把儿童作为未来的希望，把国家、民族和社会的兴衰都寄托在今天的儿童身上。所以，在综力的竞争中，各国总会考虑基础教育的实力。

2.儿童是小大人

20世纪60年代初，法国学者阿利艾斯在他的《儿童的历史——一部家庭生活的社会史》中指出：儿童其实只是近代教育制度确立以来形成的一个概念，在那以前，人们对于儿童与成年人的区别并没有明确的意识。也就是在儿童成为儿童之前，成人以自身为标准，构建了传统的儿童观——儿童被当成"小大人"对待。儿童生活在一个跟成人一样的社会范围，儿童有机会接触该文化中几乎一切的行为方式。"那时没有分离的童年世界。儿童跟成年人一样做同样的游戏，玩同样的玩具，听同样的童话故事。他们在一起过同样的生活，从不分开。"①

3.童年消逝，儿童与成人过着同样的生活

儿童成为儿童还不到一个世纪，受电子媒介的侵袭，儿童与成人之间的界限开始逐渐消除。该命题首先由美国学者尼尔·波兹曼提出。在当前全球化、信息化的背景下，他在其1982年出版的《童年的消逝》一书中提出了"童年消逝"的命题。这一呐喊源于儿童和成年人的界限正逐渐模糊的现实。20世纪80年代以来，英美学者聚焦于童年危机的研究。"童年之死"似乎成了整个西方社会发出的齐声哀叹。

我国学者对于"童年消逝"的解读，大多也带着悲观的色彩。他们虽然也肯定电视的教育和娱乐功能，但更多不是对电视的负面影响忧心忡忡。

成人与儿童之间的秘密被公开了，加之儿童节目"成人化"的倾向也更加反映了童年概念逐渐被社会淡化。因此，我们随处可见模仿成人露着肚皮走秀、跳舞以示性感、美丽的儿童，男孩追求酷，女孩追求靓，儿童丝毫没有了本身应有的可爱与调皮。

所以，当下有学者提出，"作为文化概念的童年，它可以在一定历史条件下产生，也可以在一定的历史条件下消失"②。"儿童"如果真的消逝，似也有其合理性。

（二）哲学的角度：儿童是道德的化身

《道德经》一书曾对儿童的天性、德性、形态、潜质、发展及其途径等有全面而独到的立论，可谓是我国最早的一部对儿童观进行创建的著述。老子主张"常德不离，复归于婴儿"，即永恒的德不离开，复归到婴儿的纯真状态。成熟的有智慧的圣人的精神状态和儿童如出一辙，当

---

① ［美］波兹曼：《童年的消逝》，吴燕莛译，广西师范大学出版社2011年版，第23页。

② 侯莉敏：《童年的"消逝"与大众媒介对儿童生活的影响》，《广西师范大学学报》（哲学社会科学版）2007年第1期，第103页。

一个人达到智慧和真趣的极致时，便出现"复归于婴儿"的状态，拥有一颗真纯朴素的童心。

孟子曰："大人者，不失其赤子之心者也。"其意与庄子的思想有异曲同工之妙，即：伟大的人是童心未泯的人。童心是最纯真的，本色自然，大人之大，不是仅仅指的年龄之大，更在于永远以一种童心般的新奇和纯真面对这个世界，永远生气勃勃，以至于无所不知，无所不能。

宋明心学体系的开创者陆九渊与理学代表人物朱熹曾有过著名的"鹅湖之会"。一出场，陆九渊就作诗表达了自己的观念和思想立场，诗作以"孩提知爱长知钦，古圣相传只此心。大抵有基方筑室，未闻无址忽成岑"开篇，意即：孩提之心俨然成为人类文明的原点和故乡。

上述论述都在支持一种观点：儿童因合于自然性而天然地具备成人应该学习的德性。儿童是道德的化身。

（三）教育学的角度：儿童观随教育观发展变化

1.传统教育中，儿童是受教育的对象

儿童到了入学的年龄就得入学，入学后的儿童就被称为"学生"。"学生"的概念属于教育学范畴。在传统教育中，学生是受教育的对象。为此，儿童在入学后，其身份、责任等往往也就变了。在"小大人"儿童观的影响下，教育内容往往注重经典知识的学习，其选择和编排一般不符合儿童的基本认知规律，教学方法以死记硬背为主，一旦儿童违背了教育者的要求，就会受到体罚或其他类型的惩罚。

在传统教育中，儿童是接受教育的对象，教师是中心，教育的质量取决于教师，儿童就是一个模具，最终将趋于一致。在教育过程中，儿童必须接受成人和教师的评价，其评价标准是一致的，评价方式往往是以客观评价为主。这是"成人中心主义的教育观念和立场"[①]。把儿童当

---

① 蒋雅俊、刘晓东：《儿童观简论》，《学前教育研究》2014年第11期，第7页。

作"受教育的对象"时，就抹杀了儿童作为人的主观能动性，违背了教育的规律。

2.近代教育中，儿童被发现

儿童的发现始于卢梭。自卢梭"发现儿童"以后，人们才"把儿童看作儿童"，"以儿童的眼光看待儿童"。"儿童的发现"从某种意义上来说，摒弃了将儿童看作"小大人"的观念，强调儿童具有自身的特性，从而将"儿童"从"大人"观念之内凸现和独立出来。概而言之，"大自然希望儿童在成人以前就要像儿童的样子"①。德国教育家福禄贝尔认为儿童是神圣的。他说："孩子们就是我的教师，他们纯洁天真，无所做作，要求可贵。我就象一个诚惶诚恐的学生一样向他们学习。"②在我国，五四运动时期，儿童作为生命主体的地位被发现，被认可。

20世纪80年代末90年代初，尊重儿童独特的心灵世界和精神需求成为学者、作家们的一致呼声，关于尊重儿童、承认儿童的著述受到热捧。以前，儿童的生活不是独立的，只是成人的一种预备；现在，儿童的生活就是独立的。在一个人的成长过程中，我们实在不应该指定哪一段是哪一段的附庸。我们所希望的应该是全段生活丰富满足而无缺陷。因此，"儿童还他一个儿童，壮年还他一个壮年，老年还他一个老年，才是正当的办法"③。"……儿童在生理心理上，虽然和大人有点不同，但他仍是完全的个人，有他自己的内外两面的生活。儿童期的二十几年的生活，一面固然是成人生活的预备，但一面也自有独立的意义和

---

① ［法］卢梭：《爱弥儿：论教育（上册）》，李平沤译，商务印书馆2011年版，第101页。

② ［英］伊劳伦斯：《现代教育的起源和发展》，纪晓林译，北京语言学院出版社1992年版，第210页。

③ 严既澄：《儿童文学在儿童教育上之价值》，载蒋风主编《中国儿童文学大系·理论（一）》，希望出版社1988年版，第20页。

价值……"①

3.现代教育，儿童是具有主观能动性的人

把儿童看作儿童，意味着尊重儿童的兴趣和需要，尊重儿童的生活和世界，尊重儿童特有的看待世界的方式和行为。

儿童有大部分的时间在学校度过，教育中儿童的地位体现了儿童存在的价值。学生是具有主观能动性的人，不应该成为成人和教师的"奴隶"。杜威批评"传统教育"，反对赫尔巴特的"教师中心、课堂中心、教材中心"的思想，认为在传统的教育教学中，必须鼓励学生自己思考问题、解决问题。否则，学生就像被眼罩蒙住眼睛的马一样，眼光被"限制在教师所同意的道路上，以求获得直接的有效的学习效果"②。

现代教育强调发挥儿童的主观能动性，让他们成为学习的主人。因此，儿童能够自主地决定自己的学习计划、兴趣等，充分体现了个人的精神追求。

除此之外，教育学领域还存在诸如"儿童是原罪""儿童是白板"等论述。但从教育学的整个发展历程来看，人们对于儿童的理解越来越科学与客观。

（四）人类学的角度：儿童是成人之父

据记载，"儿童是成人之父"最早出自英国湖畔诗人威廉·华兹华斯（William Wordsworth，1770—1850）的优美诗篇《彩虹》（*Rainbow*）中，他写道"The Child is father of the man"③。

继华兹华斯之后，文化人类学家泰勒（Edward Burnett Tylor，1832—1917）说过"儿童是未来的人的父亲"，著名心理学家霍尔（Granville

---

① 周作人：《儿童的文学》，引自止庵编《周作人讲演集》，河北人民出版社2004年版，第35页。

② 高原：《教育隐喻中的学生观：历史回溯与当代启示》，《教育学术月刊》2014年第2期，第37页。

③ 刘晓东：《儿童精神哲学》，南京师范大学出版社1999年版，第381页。

Stanley Hall，1846—1924）也在自己的著作提到过"儿童是成人之父"之类的言辞。这些观点都表达了儿童与成人之间千丝万缕的关系。儿童既是成人的前身，亦是成人的未来。

事实上，在回答儿童究竟应该是什么样子这个问题时，我们只看到儿童"其所不是"的一面是不够的，更重要的是要看到"其所是"的一面。所以，我们说儿童是儿童，也就是静观儿童，把儿童当成"其所是"的模样来认识和理解。

基于上述社会学、哲学、教育学和人类学的研究视野，我们认为儿童是自由的智慧之身，不仅有着充分的游戏、娱乐等生活的权利，而且平等地与成人共处于当下，是一个完整的存在。成人应爱护儿童，尊重儿童，并给予儿童充分的发展空间。

二、精神生活的内涵及要素分析

（一）精神生活的内涵

人是具有精神性的。人的精神性主要体现在对于文化、艺术与哲学的思考。从个体的角度来看，"精神性"是个体独特的精神面貌，表现为其精神生活的取向和质量，是"个人存在的深层尺度"。从历史的角度来看，人类的发展历史就是一部精神文化史。

所谓精神生活，我国学者王坤庆在哲学层面对此进行了定义，"指人在处理自我、他人与人类关系过程中的思想倾向、情感态度和价值意识。良好的精神生活状态是三者关系的丰富、和谐和满足，反之，则是枯燥、错乱和迷失"[1]。

我们可以通过辨析以下几组概念来更好地理解精神生活的内涵。

---

[1] 王坤庆：《精神与教育——一种教育哲学视角的当代教育反思与建构》，华中师范大学出版社2009年版，第22页。

1.生活与生存

生活是指人类生存过程中的各项活动的总和。生活实际上是对人生的一种诠释，是人的日常生活和经历的总和。从广义上来看，生活的外延极其广泛，无论是衣、食、住、行等日常生活，还是工作、学习、休闲、社交等职业生活、个人生活、家庭生活都包含其中。生活反映了人的态度，你对生活微笑时，生活亦对你微笑。

生活是比生存更高层面的一种状态。《孟子·尽心上》有一句"民非水火不生活"，其中的生活指的就是生存。没有了生存，何谈生活的质量高低？但这并非说，生存着的人都在好好地生活。生存只是生活的必要条件。《文子·道德》中"老子曰，自天子以下，至于庶人，各自生活，然其活有厚薄"一句中的生活，指为生存发展而进行的各种活动。

那么，除了生存，生活究竟还需要什么呢？自古以来，中国人在生活层面注重的不是物质而是精神。我国古代尤其看重骨气，用通俗的话来说，就是人活一口气，即使受苦受难，也不能少了这口气。再有，农村里比较通俗的如"人穷志不短""宁为玉碎，不为瓦全""人要脸，树要皮"等都表明了对气节的看重，对人的尊严的强调，对人的精神的重视。即使在今天，这一传统观念依然有其存在的价值与合理性。在精神和肉体之间，在精神追求和物质追求之间，在尊严和卑躬屈膝之间，前者高于、重于后者。在二者不能两全的情况下，宁可舍弃后者，牺牲后者，也不使自己成为行尸走肉，衣冠禽兽。

生活从时间跨度上可以分为过去的生活、当下的生活和未来的生活。为了生存下去需要过好当下的生活。为了更好的生活，每个人都必须付出努力。人接受教育就是为了"未来美好的生活"。因为有了对未来的憧憬，人在当下才会默默为之奋斗。今天的果由过去的因而来，今天的果又将会成为未来的因。过去的生活、当下的生活和未来的生活三者之间有着千丝万缕的关系。未来的生活需要以现有的水平为基础进行规划。不注重当下的生活质量，不可能拥有美好的未来。我们应该活在当下，儿童亦是。我们应该让儿童自由地成长。

生活来自内心。在不同的生活状态、体验下，每个人又会有一种别样可能的生活。人生价值是人生观体系中的一个重要范畴，是价值"具体"在人生观领域中的表现。在一定意义上，价值是人存在的意义。未来的生活需要以现有的生活水平为基础进行规划。真正会生活的人才会懂得生活的意义。个人怎样表现自己的生活，他们自己也就活成什么样子。为追求外部世界而生活的人不会幸福，因为他们会在追求中丧失自我。只有凭借内心世界而生活的人才能够达到顺其自然、不求自得的境界。

2.生活与生活方式

比生活更重要的，是生活方式。生活方式是一个内容相当广泛的概念，它包括人们的衣、食、住、行、劳动工作、休息娱乐、社会交往、待人接物等物质生活和价值观、道德观、审美观以及与这些方式相关的精神生活内容。人与人的不同其实就是生活方式的不同。当生活条件发生改变时，主体的生活方式就会随之发生变化。不同时期人对于生活方式的追求是不一样的。古代，人们日出而作，日落而息。今天，人们的生活内容丰富多彩，衣、食、住、行等都有了极大的变化。

不同的生活方式体现不同的人生价值观。有的人喜欢节俭的，有的人喜欢奢侈的，还有的人喜欢智慧的，等等。随着社会的进步和科技的发展，人们可以根据自己的需要和兴趣选择生活方式。对于儿童来说，其首先应该学会生活。正所谓怎么去生活是一种形而上的问题，而生活得怎么样则是一个形而下的问题。人在生活中其实是在不断反思怎么去生活。成人常常会羡慕其他人的生活，儿童则不然，总是以自己的喜好来生活。当然，当下儿童的生活已经无法摆脱"电子媒介"，他们在一个多元价值取向的社会，生活方式已经彻底被颠覆。

3.物质生活与精神生活

精神生活是人的终极追求。"精神"是一个难以定义且难以理解的抽象词语。在当代研究领域，人们对于精神的研究兴趣大增；在现实生活中，人们对于精神的追求也逐渐增长，人们越来越重视精神生活的充实和满足。精神是抽象的，精神生活的内容却是具体的。一个人的精神境界最终立足于精神生活，即精神的进化与满足。精神生活从属于具体客观的生活，其内容是丰富多彩的；其形式是多元化的，是可以调整、可以选择的。

东西方关于精神生活的外延的认知是有区别的。在英语里，"精神生活"这个词被翻译为"spiritual life"。但是，在东西方两种语境中，"精神生活"的语义并非完全相同。当中国人讲到"精神生活"的时候，并不一定是"宗教生活"；而当一个美国人讲到"spiritual life"的时候，他的意思多半是指"宗教生活"。本研究中的儿童精神生活，是区别于儿童的物质生活、社会生活的一个领域，不包括宗教生活。

精神生活对物质生活存在着一定的依赖性。"有精神生活的人则必须有肉体生活或物质生活作基础。"① 幸福生活的前提是拥有健壮的身体，身体健壮了，才能听从精神的支配；相反，虚弱的身体使精神也跟着衰弱。精神生活各层次的需求得到满足要以相应层次的物质生活作为保障。当物质生活贫乏时，精神生活的需求不会太高。

一佛教徒，外出朝山，行走于东北乡间小道上。一老农肩挑重担，迎面而来。老农好奇地问道："请问小师父，你是信佛教还是道教？""佛教，你呢？"老农认真答道："我既不信佛教，也不信道教，就信'睡教（觉）'。"说着，他又继续干他的农活。

是啊！这位老农为了养家糊口，披星戴月，东奔西忙，他缺少的

---

① 童世骏：《当代中国人精神生活研究》，经济科学出版社2009年版，第11页。

正是食物、睡眠。因此，他认为睡觉为人生一大乐事，信仰"睡教（觉）"也就很自然了。目前世界上很多人仍处在贫困线下，温饱问题尚未解决，他们仍在为生活而奔波，哪有时间和精力去考虑精神生活！因此人类首先必须满足必要的物质需求，然后才能谈得上精神生活。也就是说必要的物质条件是精神生活的基础。

人之为人的特点，就在于他是有精神生活的。精神生活是人区别于动物的最大特征。因此，一个人的精神生活必须具备一定的精神性。精神生活的头一个要素是精神性。若没有或缺少起码较高尚一点的精神，连舞文弄墨的趣味都是低下的，读多少高深的书、画多少漂亮的画、写多少充满激情的诗文又有什么用？又岂能叫作具有较高的精神品位？"儿童精神是儿童文化的反映，它是儿童在与周围世界交互作用的过程中形成和发展的，只有'蹲下来'走进儿童的世界，我们才能真正触摸和把握儿童精神。"①

（二）乡村儿童精神生活的要素分析

生活在同一片蓝天下，儿童深受父母、学校、媒体以及同辈群体的影响。乡村是乡村儿童生活的特殊场景。"儿童生活的村庄、天气、季节性变动、耕作方法、土地所有制度和政治体制都构成了理解儿童生活的基本框架。"②

我国著名学者童世骏教授在研究中国人的精神生活现状时对精神生活进行了分类，主要包括"心理生活、文化生活和心灵生活"三个方面。他认为好的精神生活是健康的心理生活、丰富的文化生活和充实的心灵生活的统一。过去，农村和城市相比在生活环境、家庭条件、教育、医

---

① 方红：《教育中的"儿童精神"问题辨正》，《全球教育展望》2010年第1期，第47页。

② ［英］艾莉森·詹姆斯、［英］克里斯·简克斯、［英］艾伦·普劳特：《童年论》，何芳译，上海社会科学院出版社2014年版，第123页。

疗保障等方面有着巨大的差距。相对较差的乡村生活环境影响了乡村儿童的审美情操和道德水平。相比较而言，他们处于一种自发的潜在精神成长层面。如今，物质生活水平提高了，但是乡村儿童的心理生活、道德生活出现了很多问题。很多乡村儿童不同程度地存在着价值观混乱、法制意识淡漠、犯罪率上升等诸多问题，这些问题的产生无不与当下乡村儿童精神生活的异化有很大关联。

当下，全球儿童形象正在趋同。相同的玩具、游戏、服装在全球各地触手可及。改革开放以来，农村的生活发生了巨大的变化。随着农民生活水平的提高，乡村儿童精神生活的需求也逐渐增加，他们渴求更高质量的精神生活，希望能拥有自身独特的精神生活世界。

本研究是针对乡村儿童的精神生活展开的。儿童的精神世界包括三个层面：机体、个体精神和文化。由于"儿童的精神生活或精神世界是主观形态的儿童文化，儿童外显的文化生活是儿童精神生活的客观化、实体化"[①]，研究乡村儿童的精神生活，需要通过外显的文化生活如儿童游戏、乡村文化艺术、儿童阅读等进行透视。所以，本研究中的精神生活主要指的是民间游戏生活、民俗生活、闲暇生活、文艺生活等。

1.乡村民间游戏生活

在儿童成长的过程中，游戏是"儿童精神成长的现实动力机制"[②]。丰富的乡村民间游戏，陪伴一代又一代的乡村儿童成长，其中的自由、民主和创造的精神更是影响着一代又一代的儿童。乡村儿童民间游戏生活包括游戏的对象、游戏的规则以及游戏的意义等几方面。我们通过对乡村儿童民间游戏生活的分析，透视乡村儿童精神生活中的价值观、生活观。

---

① 刘晓东：《论儿童文化——兼论儿童文化与成人文化的互补互哺关系》，《华东师范大学学报》（教育科学版）2005年第2期，第28页。

② 苗雪红：《儿童精神成长论》，上海三联书店2016年版，第237页。

2.乡村民俗生活

乡村儿童的民俗生活是儿童参与地方节日民俗、饮食民俗、童谣民俗、信仰民俗等的生活总和。传统节日、重大节日以及纪念日，是中华文化的重要组成部分，是传承中华民族精神的载体之一。乡村在过年过节之时所举行的重大礼仪和相关活动，是繁荣和丰富乡村文化的有效平台。

乡村儿童在参与乡村民俗的活动中，感受着乡村民俗文化的悠久历史，体会着民俗文化的传统意义。

3.乡村文艺生活

民间传统文艺表演在农村是有生长土壤的，表演内容和素材取自当地，表演形式喜闻乐见，表演人才后继有人，具有很强的生命力。乡村朴实的文艺生活，可以丰富乡村儿童的闲暇生活，在一定程度上对乡村儿童起到了教育作用。

A村戏班、B村的土陶和窝班剧团、C村的说书、D村的皮影等都是地方乡村文艺中典型的表演方式。乡村儿童在享受前人创造的艺术之美的基础上成为新一批的美的创造者。对美的创造和追求，是人最高层次的精神生活，能给人带来快乐，是人生中最值得追求的境界。

4.乡村休闲生活

休闲生活是指在闲暇时间以内的生活内容的总和，主要是娱乐、游戏生活。乡村儿童的休闲生活是随着社会的发展变迁和人们观念的变化而变化的。改革开放以来，乡村儿童的休闲生活内容不断变化着。

游戏生活、民俗生活、文艺生活和休闲生活构成了乡村儿童精神生活的全部内容。在不同的年代，这四种生活在乡村儿童的精神生活中所扮演的角色以及起到的作用是不同的。当然，乡村儿童生活的任何内容都离不开劳动。劳动对于乡村儿童精神世界的促进作用是多方面的：

①强身健体，疏导不良情绪，是心理健康的基本保障；②实践出真

知，在劳动中体验成功的乐趣，通过对象性的活动使得"自然人化"，体验成就感。拥有强健的身体是精神生活健康发展的重要保障。卢梭在《爱弥儿》一书中也是反复强调："身体必须要有精力，才能听从精神的支配""虚弱的身体使精神也跟着衰弱"[①]。故而，劳动是乡村儿童精神生活的根基。

第四节　研究方法和基本结构

一、研究方法

本研究以马克思主义哲学为主导思想，坚持唯物辩证法，主要采用质性研究的方法，综合运用了文献分析法、调查法（采取现场调研、访谈等）、口述史等方法开展研究，做了大量工作。个人的思想和行为以及社会组织的运作是与其所处的社会文化情境分不开的，质的研究要求在自然情境下进行。本研究在对乡村儿童进行访谈时尽可能将儿童所处的乡村场景包括经济的、文化的等进行了还原。

（一）基本理论基础

1.批判理论

批判理论属于"历史现实主义"。在本体论上，承认客观现实的存在；在认识论上，认为"现实"是历史的产物，是历史发展进程中由社会、政治、文化、经济等因素综合影响而成。基于此，研究过程中研究者的价值观不可避免地会影响受访者。因此，对于质性研究的质量标准"不是证实，也不是证伪"[②]，而是尽可能地减少研究者对受访者的影响。所以，整个研究过程中，研究者尽可能充分地了解受访者的阅历和生活

① ［法］卢梭：《爱弥儿：论教育（上册）》，李平沤译，商务印书馆2011年版，第38页。
② 陈向明：《质的研究方法与社会科学研究》，教育科学出版社2000年版，第16页。

背景，以尽可能地减少个人偏见所带来的对受访者的不利影响。

2.建构主义理论

建构主义者认为，"事实"是多元的，因历史、地域、情境、个人经验等因素的不同而不同。用这种方式建构起来的"事实"不存在"真实"与否，而只存在"合适"与否。在本研究中，所有的观点均是基于研究者在研究过程中所查阅的史料以及访谈过程中的所见所闻得出来的。

（二）具体的研究方法

1.文献法

文献法，也称历史文献法，就是搜集和分析研究各种现存的有关文献资料，从中选取信息，以达到某种研究目的的方法。它所要解决的是如何在浩如烟海的文献群中选取适用于课题的资料，并对这些资料做出恰当分析和使用。本研究最核心的问题便是对史料的搜集、整理和分析，通过多种途径，搜集相关资料，并进行系统深入的整理，为研究奠定了良好的基础。

2.田野考察和访谈法

本研究借助社会学与人类学的研究方法，开展田野考察。经过精心考察，选择山东省鲁南地区四个市（临沂、枣庄、济宁、菏泽）的四个乡村（分别用A、B、C、D四个字母来表示，基本情况见表1）共60位典型代表进行深度访谈，访谈对象的基本情况如表2所示。

表 1 四村基本情况

村庄	基本情况
A	A村是临沂市沂南县的一个小山村。该村坐落于彩蒙山脚下，彩蒙山森林覆盖率在90%以上，一年四季景色迷人，山谷沟壑纵横，溪流淙淙，是远近闻名的樱桃、板栗之乡，民居建筑独特，依山势而建，道路蜿蜒，如一世外桃源

（续表）

村庄	基本情况
B	B 村位于枣庄市，相传是三皇五帝之一伏羲的故里，制陶业已有 5600 余年的历史。几千年来，在 B 村，很多人就靠着制作这种被当地人称为"耍货"的土陶为生
C	C 村位于济宁市邹城市，先人丁姓人家，因逃避战乱从济南市济阳地区迁至该地居住。丁氏祖先初迁至该地时，该地并无人烟，只因该地有条小河，小河上游有泉，河中溪流清澈见底，适于人畜饮用，遂在此定居。后来，丁氏家族人丁兴旺，逐渐形成村落，但因受暴雨等自然灾害侵袭，此处河道加深，内流河水逐渐减少，形成一条大沟，村落从此得名 C 村
D	D 村位于菏泽市旧城镇，鲁西南黄河滩区，风景秀丽。该地区拥有丰富的天然资源，以农业、畜牧业为主。在母亲河——黄河文化的影响下，D 村传统民俗文化浓厚，民风朴实

表 2　　　　　　　　　　访谈对象基本情况统计

村庄	分类	性别	"80 后"职业分布情况	"90 后"职业分布情况	"00 后"就读情况
A 村（15 人） B 村（15 人） C 村（15 人） D 村（15 人）	"80 后"（20 人） "90 后"（10 人） "00 后"（30 人）	男 25 人 女 35 人	外出打工 10 人 正式职业 7 人 务农 3 人	上大学 6 人（大专 2 人，本科 3 人，硕士研究生 1 人） 外出打工 2 人 就近打工 2 人	小学生 15 人 初中生 15 人

3.口述史方法

口述史方法，即以搜集和使用口头史料来研究历史的一种方法。在田野考察过程中，课题组阅读了大量的史学材料，并在与相关访谈对象交流中做笔记和录音，然后对所有材料进行整合、分析，获得了有关乡村文化、经济发展和乡村儿童精神生活方面的第一手资料。

二、本书的基本结构

本研究的主要内容包括七个部分。

第一章，乡村儿童精神生活研究概论。主要对乡村儿童精神生活研究的缘起、内容和方法、国内外的研究综述以及核心概念进行了介绍。

第二章，乡村儿童游戏生活的三十年变迁。游戏生活是乡村儿童精神生活中的重要组成部分，是挖掘乡村儿童潜在精神的基本途径。基于鲁南四村儿童游戏生活的概况和发展情况，笔者对四村不同年代儿童关于传统民间游戏的态度、玩法的比较进行深入透视，从中挖掘乡村儿童精神生活的基本特点及变迁情况。

第三章，乡村儿童民俗生活的三十年变迁。民俗生活是乡土社会中特殊内容，对乡村儿童来说，无须专门学习就能懂得其中应该遵守和维系的传统，并能熟练地应用到现实的生活中。民俗生活对于"80后"乡村儿童的精神成长来说，具有深刻的影响，但随着时间的推移，这种影响逐渐减小。基于鲁南四村儿童民俗生活的概况和发展情况，笔者对四村不同年代儿童对民俗生活的遵守情况进行比较，从而深入透视时代变迁中民俗生活的情况。

第四章，乡村儿童文艺生活的三十年变迁。文艺生活是乡村儿童闲暇生活中的重要内容。从看露天电影、读小人书、听戏曲到欣赏电脑媒介艺术、上艺术培训课，透视出不同年代乡村儿童在文艺生活方式变迁中所体现出来的心态、价值取向、审美观等的变化。

第五章，乡村儿童闲暇生活的三十年变迁。"闲暇处见生活"，乡村儿童的闲暇生活是衡量乡村儿童精神生活质量的重要标志。改革开放以来，乡村儿童的闲暇生活从充实到"闲"得无聊再到无闲暇，透露出乡村儿童精神生活逐渐异化的过程。

第六章，改革开放以来乡村儿童精神生活变迁透视。每个时代的乡村儿童有着各自不同的精神风貌。我们在系统地对乡村儿童精神生活进行梳理（第二章至第五章）的基础上，发现了不同年代乡村儿童精神生活的基本特点。"80后"乡村儿童的精神生活是以乡土为内容的自由生活；"90后"乡村儿童的精神生活是由乡土性走向现代性的生活；"00后"乡村儿童的精神生活在电子媒介的影响下，不仅内容有所改变，且生活方式也被颠覆。

第七章，新时代改善乡村儿童精神生活的基本路径。为改善乡村儿童精神生活，使其充满现代化的色彩，又兼具乡土情怀，本研究基于实证研究资料的分析，提出了四条基本路径：1.基于本土的策略，焕发泥土芬芳，培育乡村文化；2.基于乡村教化的策略，提高乡村村民素质，重视非制度化教育的作用；3.基于乡村教育：培养健康的乡村儿童；4.基于人文关怀，给予乡村儿童精神生活的温度。

第二章 乡村儿童游戏生活的三十年变迁

　　游戏生活是儿童精神生活的重要组成部分。儿童期被认为是游戏期，游戏是儿童的本能需要。福禄贝尔，世界上第一个承认游戏的教育价值的教育家，强调了在童年进行游戏的重要性。他认为："游戏是内部存在的自我活动的表现，——是由内心的需要和冲动而来的内部表现。"[①]儿童精神研究的相关理论告诉我们："儿童在精神发生的最初时期，由于'主客体之间的缺乏分化'，'因而基本上是无意识的'。"[②]这种无意识的潜在精神，是儿童精神成长中的根基，即最初的真、善、美。为使儿童潜在的精神得到发展，我们需给儿童提供充分的游戏机会。因为，"游戏是个体自发地对自身潜能的开发活动，是个体处于游离状态的潜意识的活动的外化"[③]。

　　民间游戏在乡村儿童间一代代流传，给乡村儿童的游戏生活添加了一些独特的元素。许多游戏就像婴儿玩嘎嘎作响的玩具一样不曾改变，成为一代又一代人的记忆，陪伴乡村儿童度过一段段有意义的童年。无论是老鹰抓小鸡、捉迷藏还是丢手绢等游戏，都给儿童留下了美好的生活体验，那种温馨的记忆值得珍藏。这在《孩提时代：两个传教士眼中

---

① 张焕庭：《西方资产阶级教育论著选》，人民教育出版社1979年版，第322页。

② 丁海东：《论儿童精神的潜意识化》，《学前教育研究》2006年第5期，第5页。

③ 刘晓东：《儿童精神哲学》，南京师范大学出版社1999年版，第7页。

的中国儿童生活》一书中得到了很好的证明。两位传教士通过观察、亲身经历等方式记录了20世纪初中国儿童生活的方方面面。在来中国之前，他们关于中国儿童的观点是："中国的儿童，不是忙工作就是忙学习，刚到中国的外国人或许会认为他们的生活除了工作还是工作，根本没有玩耍的时间。"之后，他们才发现，中国儿童的游戏生活非常丰富多彩，"玩耍的花样很多"①。

改革开放以来，乡村民间游戏是否依然在发挥着促进儿童精神成长的作用呢？本章通过记录、分析20世纪"80后""90后"和21世纪"00后"三代儿童的游戏生活，透视民间游戏所蕴含的独特价值，以期能继续传承下去。

第一节　自由与创造："80后"乡村儿童的民间游戏生活

"80后"是生于1980～1989年的一代人。游戏是"80后"乡村儿童精神生活中的主要内容之一。

民间游戏，俗称"玩耍"，是在民间各地流传着的具有浓厚生活气息和区域文化气息、风格各异的游戏。由于民间游戏玩法简单易学，游戏玩具简便可取，游戏本身又具有趣味性强、不受人数、场地、环境限制等优点，民间游戏深受"80后"乡村儿童的喜爱，给许多儿童都留下了美好的童年记忆。可以说，因为丰富的乡村民间游戏，"80后"乡村儿童的精神生活是健康的、快乐的、充实的。

一、"80后"乡村儿童民间游戏生活的内容

20世纪80年代，鲁南地区乡村民间游戏种类丰富，如摔瓦、捉蟠

---

① ［美］何德兰、［英］布朗士：《孩提时代：两个传教士眼中的中国儿童生活》，王鸿涓译，金城出版社2011年版，第135页。

蟹、掏鸟窝、跳绳、打宝等。丰富多彩的民间游戏充实了"80后"乡村儿童的闲暇时间。根据参与游戏的人数多少，乡村游戏可以氛围一个人玩的看虫蚁、追麻雀游戏，两个人对抗的撞拐、打宝、弹弹珠游戏，一群儿童合作玩的老鹰捉小鸡、丢手绢、跳皮筋等游戏。

（一）玩土玩水，身在大自然

一方水土养一方人。现以玩水、玩泥巴为例还原乡村"80后"儿童在民间游戏生活中的精神境遇。

1.乡村的水滋润了"80后"乡村儿童

"靠山吃山，靠水吃水"，这是乡村生活的真实写照。北方的乡村很少有小河，像A村这样的既有山又有水的村子很少。A村的"80后"乡村儿童童年时期经常玩的游戏是捉螃蟹、打水漂、摘野果。这些都和山、水有关。

A村山清水秀。A村受访者回忆说："我从小在山里长大，那里山连着山，绵延不断，山的高处是树林，山的低处是田地，山脚下相连处就是河流。家乡自然环境特别美。小时候，我们那群小伙伴上山摘野果，下河捉螃蟹，爬树掏鸟窝几乎什么都干过。不过我们最喜欢的还是玩水，夏天捉螃蟹、捉蝎子，冬天在结冰的河面上敲冰或者滑冰玩。"

每年春末天气还暖，螃蟹从冬暖中醒来四处觅食。A村儿童就每人拿着一个结实的塑料袋或小桶顺着弯弯曲曲的小河寻找螃蟹。掀开石头，躲藏在下面的螃蟹就会到处跑。这时候，小伙伴们就会追着抓螃蟹。因为最后要比谁捉的螃蟹大、捉的螃蟹多，所以大家都争着先去追大螃蟹。但大螃蟹跑得太快，常常会因为追一只大螃蟹而丢了许多小螃蟹。虽然有时候也会被螃蟹钳子夹伤手指，但这一点也不影响他们捉螃蟹的热情。夏天的晚上捉螃蟹要容易得多。所以，夏天里，A村儿童更喜欢到小河去玩。

A村受访者说："我小时候常和小伙伴们在河里追赶鱼群玩。鱼群一般躲在石头底下或者水草里，这时候小心翼翼地用两只手包围目标，慢慢靠拢，快速伸手去抓，很容易就能捉条小鱼啦。还可以用条长毛巾，揪住两头，直接去桥底下的缝里网，网一次可以有数条，满足感极强。还有一些笨鱼在沙里趴着，等着我们用毛巾去网，两头一兜，它们就自动往毛巾里钻。还有时候，我们找个水不太急的小湾，用石头堵上，然后把水慢慢排出，等水排的差不多时，只见空槽里满满的都是小鱼。美美的滋味，就像做梦一样。"

A村另一位受访者补充说："我们村的冬天也很美。一年四季里，冬天可以玩的东西最少。只要一进入寒冬腊月，打雪仗、玩冰凌、滑冰就成了我们最主要的户外游戏。"

访谈故事1（来自C村一位受访者）：

小时候，河里的水很清澈，河底也很平整。到了天寒地冻的时候，河面会结一层厚厚的冰。胆大的男孩看到河里结了冰，就会试探冰面能否承受我们的体重。等冰的厚度足够承受我们的体重时，我们就去这天然冰场滑冰。那时候，既没有冰刀，也没有护具，就这么在冰上助跑一下，能在冰面滑出去很远。当然，也经常撞在一起或摔在冰上，不过我们都皮实，从来没有受过很严重的伤。

时间一久，就积累了很多更好玩的办法。比如有的小伙伴用围巾当绳子，和别的小朋友搭伴拉着滑；还有的小伙伴把板凳反过来，在板凳腿上栓个绳子让其他小朋友拉着滑。那时候大家没任何装备，于是就有各种各样的尝试。回想一下，儿童时期探索玩法的过程其实就是在创新，其基本原理跟滑冰场上专用的先进装备其实是一样的。

在文明的早期，水在人类探索世界的过程中扮演了重要的角色。老子说："上善若水，水善利万物而不争……"在道家思想中，水是至善至柔之物。孔子也有论述说："知者乐水，仁者乐山。知者动，仁者静。知者乐，仁者寿。"水不仅是生命之源，还是智慧的源泉。20世纪80年代的乡村，河水清澈见底，鱼虾闲游，儿童乐在其中，生活无限惬意。

2.乡村的泥巴孕育了"80后"乡村儿童

鲁南A村儿童喜欢在小河边和泥巴玩，或者到山上挖泥玩。

鲁南B村、C村、D村，有一种游戏叫"摔瓦"，也叫"瓦瓦叉"（谐音），几乎所有生长在这里的"80后"都会玩。通常是由两三个小伙伴一起参与。每人拿一块泥巴在地上揉制成钵状或碗状的"瓦屋"，然后在"瓦屋"的底部中心，轻轻地按压，使得该部位又薄又大，但是不能有裂缝。压制完成后，先由一人将"瓦屋"口朝下，狠狠地摔向地面。随着"啪"的一声响，小伙伴们纷纷探头来查看薄薄的底部有没有摔出洞，洞口越大，说明摔得越好，其他小伙伴按着洞口的大小补给的泥巴就越多。如果没摔出洞，说明"摔瓦"失败，其他小伙伴就不用补给泥巴。然后再由其他参与者按照之前的程序"摔瓦"，如此往复。在那个物资匮乏的年代，此游戏竟能持续半天或者一天，儿童的身心得到愉悦，智力也伴随着时光流逝逐渐增长。

访谈故事2（来自土陶之乡B村的受访者）：

> 在我们村里，泥巴随处可见。而且我们村的土又软又黏，非常适合捏各种玩具。先是挖一堆泥出来，和点儿水，两手捧着泥巴在地上揉，直到揉捏的泥巴有了韧劲，表面光滑，然后不会粘手，就可以玩了。

> 玩泥巴的花样很多。如团泥丸，做造型等。团泥丸就是把一小团泥放在手心里，两只手掌合起来，迅速地转圈，只需几下，一块没有任何形状的泥块就变成了一个表面光滑的圆蛋蛋。泥丸可大可小，随自己的心意，团出来放一边备用。然后开始搓泥条，把一小块泥揉捏得软软乎乎的，然后夹在两个手掌中间来回地搓，不能太用劲，要轻轻地，耐心地，慢慢地，如此，小泥团就都变成了表面圆滑的长条儿。把搓好的泥条放在一边，最后就搓出了一排泥条，

长短、粗细不一。

最后，发挥各自的想象力，捏出各种不同的造型。比如，一个大泥丸上搭一个长长的泥条，再在泥条上放一个小泥丸，然后随便在路边捡一片树叶，用叶柄在小泥丸上点洞，上面的两个小洞是眼睛，下面的一个大洞是嘴，还可以在下面的大泥丸中间点一个洞，是肚脐眼。这样，就成了一个小泥人了。

土陶还可以做出小鸭子、小鸟、小狗、小兔子等很多其他的小动物形象。小伙伴们比赛谁做的好看，谁做的逼真。大家互相欣赏，往往一玩起来就忘记了时间，忘记了饥饿，更是不会注意自己身上的土和泥。每个人都灰头土脸的，有时候还把泥巴互相往脸上抹，看谁的脸最花、最有趣。大家乐得哈哈笑着，谁也不会生气，也不会担心弄脏衣服。

在那个玩具极少的时代，"80后"乡村儿童与河水、泥巴交融在一起的游戏生活给他们带来了无尽的快乐。除河水、泥巴外，麦田、河岸等也都是"80后"乡村儿童酷爱的游戏场所。可以说，整个大自然就是儿童的天然乐园。

（二）和小伙伴一起玩的民间游戏

民间游戏中，有很多需要小伙伴一起合作完成。这非常符合乡村儿童爱热闹的心理，同时还培养了同伴之间的友谊和协作精神。

1.竞技类，如跳绳、跳皮筋、扔沙包、吹烟盒子、推铁环等

需结伴玩耍的竞技类民间游戏非常多。游戏往往以"手心手背"的方式分组，以"石头剪子布"决定游戏的先后顺序。跳绳、跳皮筋、扔沙包等几乎是"80后"乡村儿童都玩过的游戏。而鲁南地区较具特色的竞技类游戏要数吹烟盒和推铁环了。

C村受访者介绍了吹烟盒游戏的玩法："用空烟盒（纸质）叠成三角形，用嘴吹，吹翻了就算赢。这种游戏非常简单，而且游戏所需的材料

非常容易获得，玩起来却很高兴，正所谓投入少收获大。"

B村受访者介绍了推铁环游戏的的玩法："用铁丝做一个圈，再做一个长柄的铁钩子，用铁钩子推铁丝圈滚着走。那时候家家都有铁环，用个配套的、有弯的铁钩子控制铁环，可以按自己的路线想怎么滚就怎么滚。伙伴之间可以竞技。推铁环需要一定的技巧，难度还是比较大的。一般推得远推得快的人算赢，推倒了或推得慢的算输。"

推铁环在鲁南地区深受儿童喜爱，对身体的康健不无裨益。荷兰运动专家早在1976年就曾指出滚铁环有助于提高人体的平衡性，促进肢体的协调以及提高眼力，还可以提高四肢活动能力，最重要的是它满足了儿童的运动需求，并保持了较高的趣味性。

竞技类游戏往往能营造热烈的气氛，引来儿童的加油喝彩。所以，参加游戏的人都会使出浑身解数来表现自己，希望得拔得头筹。

2.追跑类，如捉迷藏、丢手绢等

捉迷藏，亦称摸瞎子，即蒙住眼睛寻找躲藏者的游戏。游戏时，蒙住一位游戏者的双眼，把他转得难辨方向，然后大家向这个"瞎子"呼喊取乐，待蒙眼者追捕时众人纷纷躲闪。捉迷藏的游戏两千年前即流行于希腊，在中世纪称为成人游戏。我国儿童游戏时，一般先划定一个范围，大家经过猜拳或一定规则之后，选定一个人先蒙上眼睛或背对大家数数，其他人必须在这段时间找到一个地方躲藏，时间到后寻找者去找其他人，最先被找到的人成为下一轮游戏的寻找者。未被寻找者发现的人，将不参与第二局的猜拳，直接成为躲藏者。游戏可反复进行。

访谈故事3（来自A村一位"80后"）：

我记得小时候捉迷藏很好玩。有一年夏天，大人们在乘凉聊天，我们几个小伙伴就开始捉迷藏了。我们先给其中的一个小伙伴蒙上眼睛，然后其他人就开始跑了。被蒙住眼睛的小伙伴数到10后就开始找。那一次，我先是躲到了一棵大树后面，等其他人逐个被找了出来后，他们都开始找我。眼瞅着快被找到了，我又悄悄地跑到桥洞下面。不知道过了多长时间，老是没有人来找我，我才发现他们因为实在是找不到我所以就放弃了。现在想想都觉得意犹未尽。

丢手绢。小朋友们围成一圈蹲下，其中一个小朋友a站起来，拿着手绢，开始在小朋友们身后绕外圈走。蹲着的小朋友开始唱"丢，丢，丢手绢，轻轻地放在小朋友的后面，大家不要告诉他……"。歌曲结束之前丢手绢的小朋友a必须把手绢放在某个小朋友b的身后，然后快速回到自己原本的位置。被选中的b必须第一时间发现手绢在他身后，继而拿起手绢去追丢手绢的a。如果b能在一圈内追上a就算b胜利，如果b没有发觉自己身后的手绢，反而被a在一圈内抓住，b就失败了，需要表演一个节目。而a则可以继续担任丢手绢的游戏者，直到败下阵去，则会更换丢手绢的人。

老鹰抓小鸡。这是一项多人参加的游戏，适合在户外进行，对提高灵敏性和协调能力、培养合作意识很有帮助。游戏伊始，先选出老鹰，并推选出可以保护小鸡的鸡妈妈。小鸡在鸡妈妈后面排成一队，鸡妈妈则张开双臂，尽量拦住老鹰，不让老鹰抓到身后的小鸡。老鹰则使尽浑身解数，利用声东击西的策略或者强抓、快抓的方法抓到小鸡。游戏以老鹰抓完所有小鸡为结束，然后重新分配角色，开始新的游戏。

3.惊险类，如掏鸟窝、骑自行车等

掏鸟窝。冬天的鲁南乡村，脚踩在积雪上发出嘎吱嘎吱的声响，夜里打着手电筒去掏麻雀的窝，用手电筒一晃，麻雀就因不能分辨方向而不动了，然后再想办法爬上屋檐去掏鸟窝。

C村受访者说："爬树这本领是没人教的，看到人家能爬上去，自己就跃跃欲试。找个粗细适中的树干，俩胳膊抱树，接着向上使劲，俩腿夹住树干，脚持续网上蹬。这时就考验谁的臂力大了，臂力大者自然能一步步爬上去，悠然自得地坐在树杈上，享受一览众山小的乐趣。爬树的另一诱惑是掏鸟窝。运气好的时候能遇上鸟蛋，那就更有成就感啦。"

在农村，自行车是很重要的交通工具，几乎每家都有。自行车是乡村儿童玩耍的宝贝。放学后，有车的伙伴会一起赛车，经常是骑得满头大汗。

D村受访者说："小时候，只要一放学，就会和小伙伴们一起在黄河大堤上疯骑自行车。之所以选择在黄河大堤那里，是因为大堤宽阔且过往的行人稀少。小时候，我们所骑的自行车都是带大梁的，由于个子矮也够不着骑座，所以只得将腿从大梁底下伸过去。这种骑车方式叫猫儿洞（谐音）。即使是这样，也是骑得风驰电掣。"

上述游戏，只涉及到了全部乡村民间游戏的一小部分。但皆是"80后"乡村儿童记忆中最深刻的内容，确确实实地影响了他们的童年生活。如今，随着儿童游戏方式的改变，这些游戏很多都已在乡村销声匿迹了。

（三）与劳动相关的游戏

劳动所得的成果往往给人带来喜悦。当喜悦来临之时，总需与人分享。只有在劳动过程中，人才能体会到自我存在的价值。儿童也是。

劳动作为具有教育性的活动，是儿童不可或缺的重要发展方式，有助于培育儿童的生活能力，引导儿童理智地生活，帮助儿童创造美好生活。劳动的过程，即儿童发展的过程。在这一过程中，儿童可以获得无穷的乐趣，获得无限的感触和自我身心的全面成长。

（1）儿童的劳动习惯自然养成

农村儿童没有专人看护。因此，乡村儿童的父母即使是在劳动的时候也得把孩子带在身边。于是，潜移默化中，乡村儿童参与劳动的好习惯就自然养成了。

A村受访者介绍说："从小，母亲就背着我上山干活，我的童年是在母亲的背上长大的。慢慢地，自己也就跟着父母下地劳作。说来奇怪，很多农活一干就会。不像现在的孩子，教也教不会。"

访谈故事4（来自D村受访者）：

> 小时候家里穷，为了能够养家糊口，家里会养些羊。一般春天生小羊，养到年底就可以卖。
>
> 为给妈妈分担家务，放学后和周末的时间，我会主动去放羊。我们村在黄河北边有一片广阔的草地，小伙伴们就不约而同地赶着羊去那里。为了把各家的羊区分开来，我们会圈地。安顿好羊之后，我们几个小伙伴就坐在草地上聊天，或者奔跑、捉小鱼。最喜欢做的就是在小水洼里捉小鱼。等我们玩够了，天也黑了，羊也吃饱了，就赶着羊匆匆往家走。

乡村儿童的劳动本领和劳动精神似乎是与生俱来，劳动给他们创造了成长的机会。D村放羊娃的放羊经历让他们深刻体验到了劳动的乐趣。他们充分满足的精神境遇似与唐朝诗人李涉的"牧童"相一致。

> 朝牧牛，牧牛下江曲。
>
> 夜牧牛，牧牛度村谷。
>
> 荷蓑出林春雨细，芦管卧吹莎草绿。
>
> 乱插蓬蒿箭满腰，不怕猛虎欺黄犊。

有过放牛经历的人肯定都会会心一笑。儿时的小伙伴都曾做过这样稚气的侠客梦。腰间插上几枝蒿竿子，小胸脯一挺，就算老虎来了也不怕。

（2）儿童在劳动中学习

在乡村，不会干农活的人是要被笑话的。勤劳能干的孩子则会得到大人的表扬。

儿童产生劳动本性的基本因素，除了潜能的释放因素外，还有一个获取自身所需物质的因素。儿童在劳动中，获得分享的资格与快乐。儿童在分享中能够获得无穷乐趣。分享涉及物质和精神两个方面。因此，儿童获得的劳动成果，不只是为了独享，而是要与他人分享。在分享物质和精神成果的过程中，儿童感受分享的快乐，理解分享的内涵，体会分享的意义。学会分享是儿童的精神所蕴含的重要价值维度。只有学会分享，才会获得快乐。所以，对发展中的儿童，不应当误用劳动，而应当通过劳动，从小培育其分享的能力。这对于儿童健康的精神成长是重要的一环。否则，自私自利之心必将占据儿童的心灵，无助于儿童建构良好的精神世界。

劳动教人自立。"会驾驭欲望——这个看来似乎很简单而实际上十分复杂的人的习惯——就是人道、同情心、热情、内在自制力的源泉。没有这些品质，就没有天良，没有真正的人。"[1]个体能否很好地控制自我，关系到自我的精神能否健康地成长。通过多样的劳动，儿童在逐渐控制自己丰富而又复杂的神经天性的这一过程中，培养了控制自我的能力，塑造了坚韧不拔的精神。儿童通过劳动培育自我的道德能力，这也是其自立能力的重要构成部分。因此，儿童的劳动不仅仅是劳作，更蕴含着道德的意义，能够陶冶儿童的情操。

在成人的教育下，"80后"乡村儿童总是能在课余时间自觉地为家庭做力所能及的事情。对他们而言，劳动并不辛苦，他们在其中总能发现乐趣，因为劳动亦游戏。

二、民间游戏的精神意蕴

民间游戏充实了"80后"乡村儿童的闲暇生活，是他们精神生活的最大财富，培养了他们自由、民主、创造的精神。

1.自由精神

游戏是儿童的基本活动，游戏之于儿童不仅仅是一种活动形式，更

---

[1]［苏］B.A.苏霍姆林斯基：《把整个心灵献给孩子》，唐其慈、毕淑芝、赵玮译，天津人民出版社1981年版，第102页。

是一种自由精神的存在，正如席勒所说："自由与游戏显然是一对双生姊妹"。儿童在游戏中体验着自由、追求着自由；儿童的游戏充溢着、奔涌着的是自由精神。儿童的游戏实质上是一种自由精神的表达。

"游戏是儿童的本能需要，儿童的天性就是游戏。"[①]乡村民间游戏的自由精神首先体现在游戏者的自由度上。"80后"乡村儿童受家长的管束较少。这给予他们由地游戏的权利，同时满足了儿童天性中的游戏欲望。

D村"80后"受访者说："小时候，生活条件不好，大人忙于农活，邻近的孩子就凑在一起自由自在地玩。玩什么、怎么玩，不受任何限制。上山摘野果、下河捉螃蟹、爬树掏鸟窝、打水漂……没有什么是不可以的。直到吃饭时间，父母喊了好几遍才依依不舍地和小伙伴告别。往往是走了一个人，剩下的再继续玩，直到最后一个也被叫回家。"

乡村民间游戏的自由精神还体现在对玩具的极低要求上。一座大山、一条小河、一棵大树、一根绳子，甚至一片树叶、一根竹竿都可以成为"80后"乡村儿童热爱的玩具。一根细绳可以用来翻花绳，一根长绳可以用来跳绳，一根粗长绳可以用来荡秋千……随手拈来皆是玩具，而且可以玩出各种花样。在民间游戏中，乡村儿童与大自然之间达到了一种和谐的境界。

2.民主精神

乡村民间游戏的民主精神主要体现在游戏规则上。在民间游戏中，乡村儿童学会了与玩伴合作共处。多人竞技类游戏存在着不同的游戏规则。只有自觉地遵守游戏规则，游戏才能顺利地进行下去。另外，游戏由谁来开始也是有规则的，如"石头剪子布"决定输赢后由赢家来决定等。

---

① 马银华、王彩霞：《儿童游戏的精神意蕴及其启示》，《教育导刊》2016年5月下半月刊，第18页。

C村"80后"受访者说："小时候的各类游戏,都是有自己的游戏规则。面对明确的规则,小伙伴们都非常自觉地遵守。因为,耍赖的孩子不受大家欢迎,是会受到其他游戏者排斥的。"

总体而言,"80后"乡村儿童在民间游戏中懂得了尊重他人,增强了规则意识,发扬了民主精神。

3.创造精神

乡村民间游戏的创造精神主要体现在动手能力上。"80后"乡村儿童的动手能力非常强,他们因游戏的需要,会自制各种各样的玩具,如风车、秋千、铁圈、小手枪、弹弓、毽子等。

B村"80后"受访者说："儿童游戏中,没有马、没有车怎么办呢?乡村儿童会以竹竿为马,以椅子为车。而且在'骑马'和'开车'的过程,自己予以配音,玩得不亦乐乎。"

丰富的乡村民间游戏为"80后"乡村儿童提供了足以满足其精神生活需求的多样性选择。虽然物质生活贫乏、文艺生活单一,但是"80后"乡村儿童整体的精神生活状况较为富足。他们之所以能保持积极乐观的态度,与童年时期丰富的乡村民间游戏生活不无关系。

三、"80后"乡村儿童游戏生活的透视

(一)"80后"乡村儿童游戏生活中的玩具自然天成

在乡村,一年四季都有可玩之玩具,随处可以找到原材料,真可谓一切皆玩具。"80后"乡村儿童很少觉得孤单寂寞,只是常感时间过得太快。

春天,柳树刚发芽,扯下一截柳枝,剔出柳芽,抽去木芯,便可做个柳哨,吹出动听的声音。另外,还可以用麦苗做麦哨,用芦苇芽做芦苇哨,用长满柳叶的柳条编花环,用长了絮的芦苇扎成扫帚,用槐树叶对折做笛子等等。既领略了春天的美丽,同时还陶冶了生活的情趣,提

高了精神修养。

夏天，下河捉螃蟹、捉鱼，打水漂，下地捡麦穗、掰玉米。夏天天气炎热，正值农闲，所以，儿童和成人相处的时间较多一些。尤其是在夏日的夜晚，一起看露天电影、电视、纳凉、讲故事、捉萤火虫等。

秋天，上树摘果子、掏鸟窝，下地挖野菜、捡土豆等等。秋天是收获的季节。乡村变得金灿灿、黄澄澄的。儿童积极参与农忙，其游戏生活内容也大都与劳作有关。真可谓劳逸结合，一边玩一边劳动。

冬天，最有趣的游戏玩是打雪仗、玩冰凌、滑冰。但是，这些游戏的开展需要依赖于天气条件。冬天虽然寒冷，鲁南地区室内有暖气，但儿童还是喜欢户外的游戏活动。

乡村的一年四季，可谓各有特色，总是能给儿童带来无限的乐趣。这些乐趣是大自然赐予的。在自然元素的基础上，乡村儿童尽情发挥自己的创造力、想象力，经营自己的美好生活。

（二）"80后"乡村儿童的游戏生活以快乐为中心

游戏之所以为儿童所青睐，是因为游戏的过程是快乐的。具体的日常生活、游戏生活和专门的学校教育等共同构成儿童的生活。对儿童来说，游戏生活是超越日常生活的，甚至可以说是儿童的生命之本。儿童经常在游戏和日常生活之间跳跃，这种跳跃有时促进游戏，有时干扰游戏。而游戏正是在这样一种既受日常生活促进又受日常生活干扰的过程中，不断演进、不断丰富的。快乐的游戏生活满足了"80后"乡村儿童的怡情之需，使得他们对生活充满了热情和期盼。20位受访的"80后"乡村儿童，虽然现在的处境不同、从事的职业不同，但是他们对于童年的记忆是一样的：快乐。"当其为童子，不知有趣，然无往而非趣也。"童年是无忧无虑的，童年的快乐是出于儿童的本能反应，是纯粹、清澈、明确的内心体验。"80后"乡村儿童精神生活的乡土性非常浓厚。与同时期城市儿童相比，"80后"乡村儿童没有额外的读书要求，也没有练字、唱歌等素质拓展的任务，他们拥有的只是想怎么玩就怎么玩的只有和天真无邪的幸福。

（三）乡村民间游戏促进"80后"乡村儿童的社会化

社会化贯穿于一个人成长的整个过程，儿童也在不断地社会化。"80后"乡村儿童的精神成长处于一种自发的自我启迪和体悟状态，这也是"80后"乡村儿童对精神生活的追求较低的原因所在。当无欲无求之时，"80后"乡村儿童的精神便在一种自然、自在、自由的状态下成长。但是这种自发的精神发展极有可能会由于缺乏知识、文化等现代人类文明的补给，导致人的社会化程度较低。而丰富多彩的民间游戏为乡村儿童的社会化提供了最直接的途径。

乡村民间游戏都有明确的游戏规则。在游戏中，儿童必须按照规则控制自己的行为，学会用规则来协调相互之间的关系。"民间传统游戏蕴含的游戏精神是儿童社会化成长的精神食粮。"[1]游戏的规则性和儿童的能动性，促进了乡村儿童的社会化成长。

第二节　多样化："90后"乡村儿童的游戏生活发展

"90后"是生于1990～1999年的一代人。"90后"乡村儿童的精神生活逐渐脱离乡土的内容，开始向现代性过渡。在他们的游戏生活中，既有传统的元素，同时又增添了一些新颖的现代性因素。

一、"90后"乡村儿童游戏生活的内容

（一）看山看水，享受自然

D村受访者说："我们小时候玩过泥巴，但是长大后就很少玩了。

---

① 罗红辉：《民间传统儿童游戏的传承与创新》，《学前教育研究》2014年第11期，第67页。

访谈故事5（来自D村受访者）：

小时候，我们村里有位老爷爷，他擅长捏泥人什么的。我和他家的孙女就经常一起请爷爷教我们捏泥玩。跟现在的孩子上兴趣班一样，每天放学后都去，周末也去。我记得我当时捏得最好的作品是小鸟造型，和现在的陶艺似的。不过，和我同龄的小伙伴很少玩泥巴，大人都不让玩，觉得太脏了。

通过对10位"90后"访谈对象的访谈资料的分析得知：他们在童年时期玩水、玩泥巴的机会很少。他们喜欢跑到大山中去呼吸新鲜的空气，到小河边看着清澈的溪水。这是一种静态的自然享受过程。

（二）传统民间游戏以体育类游戏为主

1.跳皮筋

跳皮筋，也叫跳橡皮筋。可三五好友一起玩，亦可分两组进行比赛，边跳边唱，非常有趣。先由两人用自己身体的腿部、腰部及头部把皮筋抻长，其他人轮流跳，按规定动作，完成者为胜，中途跳错或没勾好皮筋的话，就换另一人跳。跳皮筋有挑、勾、踩、跨、摆、碰、绕、掏、压、踢等10余种腿部基本动作。皮筋高度从脚踝处开始到膝盖，到腰，到胸，到肩头，再到耳朵、头顶，然后举高，难度越来越大。

2.跳绳

跳绳是一项极佳的健体运动，能有效训练个人的反应能力和耐力，有助于保持个人体态，增强协调性，从而达到强身健体的目的。跳绳的装备十分简单，只需一条绳及一双舒适的运动鞋便可。此外，跳绳所需的场地不大，参与人数不限，可单独一人或多人进行。除花样跳绳外，也可按一定距离，边摇绳边跑向终点，比赛速度。

3.踢毽子

踢毽子是中国民间体育活动之一，是一项简便易行的健身运动。

访谈故事6（来自C村受访者）：

小时候，我们踢的毽子有很多种。一种是用薄本做的毽子。从可以翻页的一边开始剪，剪成很多条，然后将本子卷起来，用线扣起来，整理一下就可以踢了。第二种是用鸡毛铜钱做的鸡毛毽子。只需用一小块布，包上一枚铜钱和一小截下端剪成十字形开口的鹅毛管子，用针线缝牢，成为底座；再在未剪开的鹅毛管子上端，插上七八根鸡毛就做成了。鸡毛最好是雄鸡的，又长又好看，也好踢些。第三种是在商店或地摊上买的现成的毽子，不过，买的毽子弹性太大，稳定性也差，很影响踢毽子者水平的发挥。

踢毽子的游戏一般是两三个小朋友一起玩。有单腿踢，也有双腿轮着踢，还有踢花，比谁踢得多。踢毽子游戏充分锻炼了我们身体的协调能力和反应能力。

4.扔沙包

三人以上，甲乙两人扔沙包，沙包扔到中间的丙身上，丙被沙包碰到而没有接住，就算输了一次。可规定次数，输的次数满了后，换下一个人。如果丙能接住沙包，可冲抵自己输的次数。

5.打弹珠

弹珠即玻璃球，打弹珠也叫打珠子。"90后"的乡村男童大多热衷此类纯技术性的游戏。彼此之间还常比谁的弹珠多，对他们而言，那可是一笔值得炫耀的财富。

打弹珠可以一对一单挑，也可以数名玩家一起玩耍。常见的玩法有两种。一种是在地上划线为界，看谁先把对方的弹珠打出去，遭打中的弹珠会被吃掉，这一玩法类似于现在的桌球。另一种是事先在地上挖出几个洞，先把弹珠打进洞里的一方为赢，这与打高尔夫球的规则又有几分相似。

上述五类游戏操作非常简单，如扔沙包只需有人、有沙包、有空地就行。另外，"90后"乡村儿童的游戏玩具有的是自制的，有的是购买的。商品化的玩具已慢慢进入农村，进入乡村儿童的游戏生活。这对乡村儿童的精神成长必然也会产生一定的影响，导致生活的微妙变化。当别的小伙伴拥有自己没有的玩具时，他们就可能产生失落的心理。

（三）游戏机及其他玩具丰富了"90后"乡村儿童的游戏生活

20世纪90年代，乡村社会逐渐开放。游戏机和电动玩具进入"90后"乡村儿童的视野。其中较受欢迎的有：上发条的小青蛙、音乐盒、游戏机等。新颖玩具的出现分散了"90后"对民间游戏的独特兴趣。"90后"乡村儿童的游戏生活呈现两种情况：有的儿童依然留恋传统游戏生活，有的儿童则逐渐将自己的兴趣转移到玩具和游戏机上。访谈的"90后"乡村儿童中玩过游戏机的占到了100%，但男生相对玩得更多一些。在10位"90后"受访者中，4位男性受访者中有2位的童年闲暇时间主要用于玩游戏机，而6位女受访者均表示打游戏机不如跳皮筋、跳绳好玩。

D村一位受访者表示："我们小时候的娱乐以玩游戏机和看电视为主。小霸王游戏机是我们这一代孩子最亲密的伙伴。超级玛丽、俄罗斯方块等游戏几乎所有的'90后'都玩过。"

访谈故事7（来自C村一位"90后"男性受访者）：

我们小的时候都喜欢玩游戏机。小霸王学习机非常受欢迎，谁要是有学习机，那太令人羡慕了。

回忆童年的"小霸王"绝对不可以少了任天堂的招牌明星马里奥。现在，马里奥已经是游戏界的经典人物了。《超级马里奥》无疑是我童年游戏生活中的一笔重彩。童年的记忆里，我好像经常和小伙伴一起在电视机上打游戏。我玩过的第一款游戏是《俄罗斯方块》。这款游戏玩不腻而且总觉得心存缺憾，玩得不够好。我觉得玩游戏，激发了我的好胜心，锻炼了我的思维能力。

B村的一位受访者说："我小时候玩过的玩具不多，多是花钱买的。我至今清楚地记得自己拥有一个平面的、像电脑似的可以玩套圈的小游戏机。当时总想征服那些小圈圈，可就是不能将他们全部套到机器内的细杆上。有时玩急了就想摔碎看看里面到底是不是水。但迫于玩具珍贵，最终还是没舍得摔。"

总之，"90后"乡村儿童游戏生活的内容比较杂。传统的游戏生活方式受到了极大了挑战，传统的人–人游戏逐渐退位，现代的人–机游戏开始占主导地位。

二、"90后"乡村儿童游戏生活的透视

根据10位"90后"受访者的自述，他们认为自己的童年游戏生活充满快乐，但是并不像"80后"受访者那样倍感兴奋，尤其是"95后"受访者。"90后"乡村儿童童年生活的时间跨度正值乡村社会变迁的一个转折阶段。其游戏生活的状况，可以透视整个乡村社会变迁所引起的乡村儿童心理变化和精神变迁。

（一）"90后"乡村儿童的游戏重心转移

在乡村家庭，父母干农活，弟弟、妹妹就得由哥哥、姐姐照顾，并带着一起游戏，这是民间游戏传承的重要方式。但是，"90后"儿童中独生子女占多数，他们大多没有兄弟姐妹，所以，乡村民间游戏的传承在20世纪90年代明显受阻。

独生子女在家庭中的独特地位决定了"90后"儿童受到家庭的关注度更高，所以他们不可能像"80后"儿童那样自由。受访的10位"90后"乡村儿童都表示没有单独进行过爬树、捉鱼虾、掏鸟窝等此类有一定危险的游戏活动。

20世纪90年代，乡村儿童有机会接触到款式新颖、数量繁多的玩具。机械玩具的出现，激发了"90后"乡村儿童的好奇心，降低了他们

对传统民间游戏的兴趣。他们除了按玩具的操作要求玩之外，还勇于拆卸，探究其中的原理和奥秘。男童的探究倾向尤为明显。新颖好玩的玩具激发了"90后"乡村儿童对新事物进行探究的欲望。除了玩具之外，他们还拆卸、组装过家里的钟表、收音机等物品。在此过程中，"90后"乡村儿童的探索精神得到了开拓和发展。

（二）"90后"乡村儿童的游戏形式呈现男女分化的特点

访谈过程中我们发现，"90后"乡村儿童对游戏的选择有了明显的性别分化：男童更喜欢玩游戏机内置的富有挑战性的游戏和新颖的玩具，参加户外活动等，女童则更喜欢看电视、做手工、干家务等娱乐休闲类的室内游戏；女童比男童更倾向于玩传统乡村民间游戏，如跳绳、跳皮筋等。"90后"乡村儿童的游戏生活出现性别分化主要体现在游戏形式上，但整体发展趋势却是一致的——趋于静态化。"80后"乡村儿童，在民间传统游戏的选择上，虽然也会出现男女生偏好不同游戏的现象，但是，"90后"的这一特点却更为明显。

（三）"90后"乡村儿童的游戏生活呈现内容分化的特点

20世纪90年代，乡村社会逐渐开放，对于乡村儿童最大的恩惠莫过于能拥有越来越多的新颖玩具了。丰富的商品化玩具，改变了"90后"乡村儿童的童年游戏生活内容，带来的是一种全新的快乐体验。如此，"90后"乡村儿童的游戏生活呈现内容分化的特点：有的儿童依然留恋传统游戏，有的儿童则逐渐将自己的兴趣转移到玩具上。游戏机及其他机械类的玩具就像一把双刃剑，既补充、更新了乡村儿童的游戏生活内容，但又在取代传统自制玩具的同时，剥夺了乡村儿童动手操作的机会，令其陷入可能沉溺于玩游戏机的危机。

总体而言，"90后"乡村儿童的游戏生活是快乐的，这也是他们对于童年生活难以忘怀的情结。

第三节 现代化："00后"乡村儿童的游戏生活异化

"00后"是生于2000～2009年的一代人。随着乡村社会转型，乡村物质生活条件提高，传统民间游戏生活消逝，"00后"乡村儿童的游戏生活逐渐与城市儿童趋同，现代性的特点凸显。

一、21世纪前十年乡村民间游戏状况

由于缺乏"90后"乡村儿童对传统民间游戏内容与精神的传承，到"00后"这一代，民间传统游戏已渐趋衰落，仅剩下一些经典类型游戏（以体育游戏为主）。当然，传统民间游戏逐渐衰落也有其自身的原因：内容过于传统，形式过于守旧，以致于自然被淘汰。根据访谈资料，笔者认为乡村民间游戏的衰落逐渐表现在以下几方面：

商品玩具替代了手工玩具，新的游戏形式应运而生。随着乡村物质生活条件的提高，乡村儿童有了属于自己的零花钱。零花钱一方面是买小零食，还有一方面就是攒起来买玩具。零花钱是改变乡村儿童游戏模式的导火索。譬如，吹泡泡是儿童非常喜欢的游戏，但是"80后"和"00后"乡村儿童却有不一样的游戏过程和精神感受。"80后"儿童自制泡泡水，按一定比例将洗衣粉和水混合，将洗衣粉和水充分搅匀，然后找一根中空的草杆，一头蘸水，从另一头吹，就吹出了五彩的泡泡。"00后"儿童用自己的零花钱到小卖部买一根装有泡泡液的泡泡棒，泡泡棒自带一个可以吹泡泡的杆，蘸上泡泡液就可以吹出一连串的彩色泡泡。泡泡棒吹出来的泡泡效果好，但是泡泡棒是一次性的，泡泡液用完后泡泡棒也就扔掉了。这造成了极大的浪费。同样是吹泡泡，"00后"儿童享受的仅仅是其中一个吹的环节；而"80后"儿童则体验的是游戏的全过程，包括材料准备、制作过程、吹泡泡等。"80后"儿童在游

戏活动中锻炼了能力，增长了知识，"00后"儿童则在游戏中追求的是"新""刺激"等感受。

传统民间游戏中，乡村儿童主要是在一种"人为"的游戏环境和气氛中进行的，他们除了游戏本身，还需要做好游戏前的准备工作。与传统游戏模式不一样，新的游戏大都属于室内的，如在家玩玩具、看电视、玩游戏机等。这些项目常常是被家长安排的，慢慢地，儿童也习惯了这种游戏生活方式。这类静态的游戏，大都是预设好的。也就是说，新型游戏中，乡村儿童参与的是娱乐性的被动游戏。

二、"00后"青睐的游戏类型

（一）手机、网络游戏是"00后"乡村儿童精神生活的调味品

经典的民间传统游戏逐渐衰落，取而代之的是虚拟的网络游戏。受访的30位"00后"乡村儿童都拥有属于自己的QQ号码和微信号。访谈数据显示，上网玩过游戏的占83.3%，主要游戏类型有《快乐农场》《餐厅》《玫瑰小镇》《CS》（男生）等。另外，手机、电脑中的连连看、扑克牌等单机游戏，他们也会对此乐此不疲。

B村一位上小学的受访者说："周末做完作业后，家长会同意我玩会儿手机。我觉得这是我们生活中的调味品，也是我们生活的必需品。我们同学都玩网络游戏。"

D村一位上初中的受访者说："初中的学习压力比较大，老师管得非常严，所以在学校里很少能玩游戏，只有在下课或者下晚自习的时候能偷偷玩一小会儿。我玩的是《快乐农场》游戏。当农场的各种农作物长出了果实可以收获的时候，心情是特别开心。"

（二）电视娱乐游戏节目是"00后"乡村儿童游戏生活的参照

随着电视娱乐节目的丰富以及网络的普及，"00 后"在现实游戏生活中开始越来越多地模仿与再现娱乐节目中的游戏，这对乡村儿童的精

神生活产生了重要的影响。通过访谈了解到"00后"热衷的电视娱乐节目中的游戏主要有以下两种。

撕名牌，起源于韩国综艺节目《Running Man》中的一种休闲竞技游戏。游戏一般分为两组或者三组（也可以是个人赛），每个人背后贴上自己的名字，即名牌。对战开始后，双方在不伤害对方的情况下可以采用运动战或者正面对战，想方设法把对方后背上的名牌撕下来，，取得对方名牌者即为胜利者。比如A队两人把B队两人的名牌全部撕下，即A队获胜。游戏中，被撕名牌者逐一被淘汰。这一游戏中，儿童可以灵活运用"声东击西""撕得过就撕，撕不过就躺"等策略。

冰糕化水。首先，根据人数提前画一个大小差不多的游戏场地。然后，通过"剪子石头布"的方式选一个小伙伴当"冰糕"（赢的人才有机会当选）。"冰糕"在指定范围内四处躲闪快跑，同时捕捉者去追捉"冰糕"。"冰糕"在将要被捉时，应尽快蹲下并说"化水"，这样捕捉者就不能再捉化水的"冰糕"了。如果没蹲下或没说"化水"而被捉住则算输了。"冰糕"输了就得当捕捉者，游戏重新开始。基本原则是："冰糕"不能怕被捉到而总是蹲着；"冰糕"必须在规定范围内跑动，但不得到处乱跑；追捉者用手拍一下未蹲下和未说"化水"的"冰糕"就算捉住了。

社会在发展，"00后"乡村儿童不可能再回到"80后""90后"那样的游戏生活中。他们有自己的游戏生活方式，而这种方式是深受电视、网络的影响。这种影响是社会经济转型引起的乡村社会的转型导致的，不可避免的，但如何使这种影响对乡村儿童的成长产生积极的影响，又不得不令人深思。

（三）民间体育游戏

在乡村传统民间游戏中，"00后"乡村儿童保持着较高兴趣的就是跳绳、踢毽子、跳远这类简单游戏。

A村受访者说："我们这里是山村，家家户户离得比较远。只有到了周末时间，我们几个同学才有机会聚在一起玩。玩的游戏也极少，偶尔会组织跳绳、踢毽子比赛。"

B村受访者说："每年，学校组织的运动会上，除了那些竞技类跳高、跳远、跑步比赛之外，还会有跳绳、踢毽子比赛。所以，我们平时会练习。而且游戏中用到的跳绳、毽子在小商店就能买到。"

由于新农村建设，鲁南四村都建了文化娱乐广场。广场内配备了很多种体育器械。这些体育器械也受到了"00后"乡村儿童的厚爱。

C村受访者表示："周末，我会约上三五个好朋友去小广场玩，单杠、双杠对我们来说危险系数比较高，难度也比较大。我们比较喜欢玩的是健身车、漫步机、扭腰器等。玩耍的过程，也是好朋友交流情感最好的机会。"

总之，手机、网络游戏、丰富的电视娱乐节目等作为乡村经济、文化现代化发展的产物，以新颖、搞笑、个性等突出特点吸引着乡村儿童的眼球，受到了越来越多儿童的喜爱，从而挤压了乡村传统民间游戏的生存空间。

三、"00后"乡村儿童游戏生活的透视

21世纪，由于现代性的冲击和对传统缺乏有效的保护机制，乡村古老而优秀的传统元素逐渐衰落。"00后"乡村儿童的游戏生活呈现出前所未有的新特点。

（一）传统的游戏精神失落

在游戏活动中，儿童的精神追求是多方面的。随着技术和商业利益的植入，有研究者开始认为儿童游戏中的精神逐渐衰落。也有学者指出，"……工业化国家中的儿童失去了选择何时游戏和在何处游戏的自由，他们的生活被父母规定的严格的时间表和儿童自己从早到晚的时间

表所控制，创造性的游戏被电视和付费娱乐所取代"①。勿论这些命题是真是假，我们可以肯定的是社会及其文化、环境都在变迁之中。

经实地的访谈和考察我们可以发现，"00后"乡村儿童已无法真正地体验到传统民间游戏的趣味性、创造性和自由的精神品质。不得不承认，"00后"乡村儿童对于游戏的精神追求已经改变。

（二）"00后"乡村儿童的游戏品味提高

"00后"乡村儿童的游戏品味的提高主要表现在游戏中对情境、条件等的要求的提高和游戏者的个人追求提高了。

"00后"乡村儿童在模仿类的游戏中对游戏情境、媒介的要求越来越高。在"00后"乡村儿童的游戏生活中，不仅有趣味性的休闲游戏，还有模拟游戏、角色扮演游戏等。在模仿、再现电视娱乐节目中的游戏时，他们为了追求游戏效果，尽可能地创设逼真的情境。那种"以竹为马"的假设已经不符合"00后"乡村儿童的要求。

"00后"乡村儿童在游戏中的追求更高了。"00后"乡村儿童对于游戏的追求除了娱乐之外还多了一层审美的要求。因此，在游戏中，"00后"乡村儿童追求的不仅是快乐、开心的心情，更有内心体验、学习和创造的收获和成长，尤其是征服欲望和好胜心理的满足。这与"80后""90后"儿童存在明显差异。另外，"00后"乡村儿童还常组织益智型游戏，如成语接龙、摆积木、手工制作等。这些游戏虽然对于媒介、情境的要求很低，但对于游戏者却提出了较高的要求。

（三）网络成为"00后"乡村儿童游戏生活的新媒介

从"00后"乡村儿童的玩具以及青睐的游戏种类都可以发现，从"00后"乡村儿童的玩具以及青睐的游戏种类可以发现，他们游戏生活的现代化趋势明显，现代性特点越来越突出。游戏是现实生活的缩版，

---

① ［美］弗罗斯特等：《游戏和儿童发展》，唐晓娟、张胤译，江苏教育出版社2011年版，第104页。

为了适应现代化的社会，乡村儿童的游戏生活中必然会有现代性的成分和元素。如今，计算机的普及和网络的发展造成了"城市和乡村正在以同样的速度遗弃着在某种程度上标志着其文化独特性的传统儿童游戏"①，而替代传统民间游戏的正是网络游戏。

综上所述，"00后"乡村儿童的游戏生活在现代化、网络化发展的趋势下彰显着与传统乡村儿童游戏生活的独特之处，使得"00后"乡村儿童加速远离传统民间游戏。除非能真正挖掘出传统民间游戏的有效价值，使之重新赋魅，否则，传统民间游戏终有一天会消失。

第四节　乡村儿童游戏生活变迁透视

改革开放以来，乡村儿童的游戏生活发生了非常大的变化。纵观"80后""90后"和"00后"三代儿童的游戏生活，不难发现："80后"所热衷的乡村民间游戏和具有乡土气息的简单玩具现在已没有了踪影，取而代之的是各种各样的新奇玩具、电动玩具以及丰富多彩的网络游戏。透视其中的变迁原因和规律，对进一步改善乡村儿童精神生活、探索提高乡村儿童精神生活质量的路径具有非常重要的意义。

一、乡村儿童游戏生活三十年变迁的基本特点

（一）玩具智能化

儿童游戏本是一种对人文精神的体验和追求，但游戏工具的改变，同样改变了儿童的游戏生活方式。在游戏中，乡村儿童逐渐放弃或被迫放弃自由、自然，开始转向机械制造和电子制造的产品。

席勒（F. Schiller）认为，游戏使人性中的理性和感性变得和谐而完

---

① 何卫青：《消逝的儿童文化——传统儿童游戏引发的儿童文化思考》，《中国青年研究》2006年第4期，第51页。

整，"只有当人是完全意义上的人，他才游戏；只有当人游戏时，他才完全是人"①。从自制玩具到机械玩具、电池玩具，再到电子遥控玩具，仅从玩具业的发展，便可以窥视儿童文化的发展与变化。随着技术和商业利益的植入，有研究者开始认为儿童游戏中的精神逐渐衰落。这种心态或许过于消极。当不到5岁的儿童已能将家里的各种遥控器操作自如时，我们应该感叹甚至惊叹新一代生命惊人的社会适应能力和超强的学习能力。新的社会环境推动了这一代人的发展，而这样的发展才能够进一步推进社会继续进步。玩具的智能化促使一代又一代的儿童在语言、音乐、空间等智能方面有了更高水平的发展，促使更多的乡村儿童拥有了与城市儿童共同进步的机会。

（二）游戏目标从单一到多元

游戏是儿童的艺术，它是使儿童冲破现实的种种约束，抵达自由彼岸的精神通道。儿童利用游戏营造了连接主观和客观世界的渠道，并实现二者的融合与统一。儿童的游戏对于世界是执著也是遁逃；他一方面要征服它，同时又要闪避它；他在这个世界上架起另一个世界来，使自己得到自己有能力的幻觉。游戏本该属于创造之物，虽然我们只能看到儿童游戏时的快乐表象，但其中蕴涵着儿童的创造性。

"80后"乡村儿童在游戏中处于自在、自然的状态，只是很纯粹的玩耍，打发闲暇时间。随着游戏媒介的变化、游戏玩具的更新换代，尤其是"00后"乡村儿童的游戏生活已然从一种自在的游戏状态过渡到一种有目标、有意识的行为方式。这为个体精神的全面发展创造了更多可能性。

（三）游戏方式由简单模仿走向创造

模仿到创造，是思维方式的重要转变。美国人类学家奥斯卡·刘易

---

① ［德］席勒：《审美教育书简》，冯至、范大灿译，上海人民出版社2003年版，第124页。

斯（Oscar Lewis）提出的贫困文化理论指出：在社会中，穷人因为贫困而在居住等方面具有独特性，并形成独特的生活方式。20世纪80年代，中国乡村文化普遍贫乏。"80后"乡村儿童的游戏生活深受贫困生活的影响，即使有机会学习和创造也难以将二者进行下去。因此，对于"80后"而言，模仿是最好的学习方式。模仿在"80后"乡村儿童的发展过程中起到了非常重要的作用。但是，表面的模仿犹如东施效颦，缺乏对模仿对象以及游戏规则的深层理解。21世纪以来，乡村社会经济、文化、教育的发展为"00后"乡村儿童提供了很好的情境。"00后"乡村儿童在游戏中常常是设定了任务目标，从而进行积极思考。

（四）游戏空间虚拟化

改革开放以来，乡村儿童的游戏空间发生了显著变化，由以露天真实的游戏为主转变为以室内虚拟的游戏为主。一个好的游戏必然能够挖掘儿童潜在的精神品性。虚拟化的网络游戏对儿童的身心发展能否达到这样的效果有待证明。

现代社会中，人类文明越来越为科技理性所支配，为"00后"乡村儿童营造和重建一种不为物役、不被技累的人文文化，"以改变和超越那种一味追求物质效益的狭隘生存状态，实现高技术时代下的人性解放与自由，其实质就是向童年有灵性的生活和游戏精神的回归"[1]。

二、乡村儿童游戏生活变迁的启示

（一）传统民间游戏精神亟需得到保护

我国乡村传统民间游戏的种类繁多，是乡村游戏文化的积累和沉淀。现代性的游戏精神不可缺乏，但是传统民间游戏亦不能摒弃。

传统民间游戏是"一定区域内广泛流传于民间并世代相传的、含有

---

① 丁海东：《儿童游戏与人文追求的自由——关于儿童游戏的一种文化学审视》，《学前教育研究》2008年第5期，第54页。

竞技特征但排除在正式比赛项目之外的、能够带来充分娱乐效果的游艺活动"①。传统民间游戏的历史悠久。在民间游戏活动中，游戏者充分和大自然融为一体，表达了追求美好生活的愿望。通过挖掘，乡村民间游戏拥有极高的"文化价值、社会价值和经济价值"。历史上，很多传统民间游戏在培养儿童的文化认同、增强审美情趣等方面发挥了极其重要的作用。但由于乡村社会的变迁、外界文化的渗透以及人际关系的淡漠等原因，乡村传统民间游戏的传承受到了极大的挑战。因此，我们需要正视乡村民间游戏对于儿童精神成长的作用。

（二）改变认识，树立正确的游戏观

儿童的天性是游戏。缺乏游戏，儿童潜在的精神就不可能淋漓尽致地表现出来。从生态学角度考虑，儿童处于成人的庇护下，无须尽责任，只需尽情地享受，社会为儿童游戏创造了一个安全的生态空间。在游戏中，儿童能够充分表现其自然的天性。荣格提出个体的发生与种系的发生是一致的，儿童与生俱来的精神生活是古老的、动物式的、无意识的，意识生活是在这种动物式的生活中萌生出来的。"无意识是意识永不枯竭之源。意识在童年期由无意识发展而来……"②儿童并不天然地代表着邪恶，事实上，他的无意识生活为今后自觉的、文明的道德生活提供了滋生的土壤。儿童的精神生活是非常丰富的，他在自己的游戏、梦想中可以上天入地、降魔伏妖，他的精神世界要比后来他长大成人以后所发现的那个世界更为广大。由于他的大部分精神是人类的而非个人的，是无意识的而非有意识的，因此他的世界才显得更为纯真，这种纯真是一种生物学上的真，我们称之为"天真"。反战主义者罗素曾容忍

---

① 王德刚：《传统民间游戏的源流、价值和保护》，《齐鲁学刊》2005年第3期，第51页。

② ［瑞士］C.G.荣格：《怎样完善你的个性——人格的开发》，刘光彩译，中国国际广播出版社1989年版，第117页。

自己年幼的儿子玩黑胡子杀妻的野蛮游戏。无独有偶，人道主义者梭罗也认为，为使儿童尊重生命，应让儿童拥有一个狩猎的阶段。会玩的孩子更聪明，我们应还给儿童一个游戏的童年。

另外，近年来，乡村儿童的家长推崇"业精于勤荒于嬉""玩物丧志"的观念。当乡村儿童在室外玩耍时，常被家长贴上"不好好学习"的标签。然而，乡村传统民间游戏大都只有在室外才能得以施展。于是民间游戏便出现了无人玩耍无人传承的结局。针对这一现象，我们应该进行深刻的反思。

（三）带领儿童走出"宅空间"，复归大自然

当前儿童过于依赖网络，成为"宅"在家的一代。由于，网络游戏的精彩程度更高、娱乐性更强，乡村儿童越来越"宅"。"宅"一代，喜欢在一个独立的自我的空间里生活、游戏。为带领乡村儿童在一个更美好、更广阔的空间游戏，家长、老师应利用更多时间带儿童走出"宅空间"，拥抱大自然，在大自然开展丰富多彩的游戏活动。

事实上，乡村"80后""90后""00后"儿童的家长多是由乡村传统民间游戏伴随着长大的，他们都深深喜爱着、怀念着这些游戏。但为了进一步改善家庭经济生活条件，越来越多的家长将精力集中在提高家庭收入方面，对孩子疏于关心、教育和陪伴。然而，只有复归大自然，才能更好地释放乡村儿童的自由精神，培养一种开放的心灵；只有复归大自然，乡村儿童便不致整日沉溺于网络游戏，培养健康的体格和创造的精神。

第三章　乡村儿童民俗生活的三十年变迁

　　在中国农村，民俗生活丰富，正所谓"十里不同风，百里不同俗"。乡村民俗承载着中国的历史、文化与传统。通常，一个地区的民俗就是这个地区常见的生活方式、长期积淀的文化模式或者基本的行为规范。乡村民俗是创造于民间、传袭于乡民之间的一种乡村文化现象。民俗作为人类创造和享用的对象，其存在的价值就在于其具有现实的功能，能够满足主体的精神需要。作为一种文化积淀，乡村民俗不断推陈出新，吸纳积极的元素，为一代又一代乡村人所信奉、传承。

　　鲁南地区，传统民俗民风浓厚。乡村儿童在耳濡目染之下，逐渐养成了良好的行为习惯，树立了较为正确的观念。改革开放以来，文化、观念的交流，人口的流动，推进了乡村民俗的不断改进。在新式风气的影响下，那些落后的观念被摒弃，但有一些传统的经典文化无形之中也被抛弃。当缺乏正确的核心价值观的引领时，乡村儿童便会处于一种矛盾之中。本章试图从"80后""90后""00后"三代乡村儿童的民俗生活中，探寻乡村民俗的价值和意义，以期更好地为当下乡村儿童的精神生活把脉。

第一节　传统民俗：守护着"80后"乡村儿童的道德底线

民俗是由地方民众创造，并由地方人民一代一代传承下来。"80后"乡村儿童的精神成长深受乡村传统民俗的影响，传统民俗生活守护着"80后"乡村儿童的道德底线。传统民俗观念、仪礼等对"80后"的影响较大，血缘、地缘依然是维系"80后"这一代人之间相互关系的重要因素。

一、"80后"乡村儿童民俗生活的内容

在"80后"的记忆中，儿童时期的民俗生活内容丰富。访谈资料搜集了20位受访者记忆中童年乡村民俗生活的主要内容，主要包括地方节日民俗、饮食民俗、信仰民俗等。

（一）"80后"的节日民俗生活

由于受访者记忆中的节日民俗较多，加之村与村之间的民俗活动样式差异较大，以下仅以春节和清明节两个重要的传统节日为例进行说明。

1.春节

春节是中华民族最隆重的传统佳节，同时也是中国人情感得以释放、心理诉求得以满足的重要载体，是中华民族一年一度的狂欢节和永远的精神支柱。千百年来，中国不同的乡村庆祝春节的风俗习惯不尽相同，也多有变化。但相同的是，快乐的气氛、和谐的人文环境和团聚的心情。

C村里一位受访者说："我们村的年俗很多，如家家户户除旧布新，贴春联，放鞭炮、敲锣打鼓等。也有一些是与其他地方不同的，如正月初一一大早，村里的年轻人得挨家挨户给长辈磕头行礼，表达晚辈对他们孝顺、尊重、崇拜的情感。虽然只是一个简单的仪式，但我觉得很重要。"

C村另一位受访者补充说："我们村大年初一的早上，家家户户都会用擀面杖捣鼠洞，边捣边说：'戳打戳，戳打戳，十个老鼠九个瞎，还有一个不瞎的，也要叫我戳瞎它'。'这样的风俗很有趣，寄托着我们乡村人对来年粮食丰收的美好祝愿。"

A村一位受访者介绍了春节吃饺子的习俗："在鲁南地区，吃饺子非常讲究，尤其是过年的时候。首先，煮饺子的时候要故意煮破几个，但要说'挣'了而不是'破'了，意味着发财。其次，饺子一定要煮得多。饺子煮好后，先盛一碗敬天地，再盛一碗敬灶君。最后，一家人很开心地吃饺子。吃到饺子里包的红枣，意味着新的一年可以勤劳致富；吃到栗子，意味着出力流汗；吃到花生米，意味着长命百岁；吃到钱币，意味着新年发财，谁最先吃到钱币说明谁挣得最多。"

D村一位受访者说："儿童大年初一起床后要一声不响地先去院子里抱住椿树，同时唱道：'椿树椿树王，你长粗来我长长，你长粗来做材料，我长长了穿衣裳。'这一风俗是为了祈求椿树神保佑小孩能够快快长大，长大后有所作为。"

2.清明节

清明节是中国重要的传统节日之一。清明节这一天，中国人都会祭奠祖先、缅怀先烈，同时修正自己，带动后人，感悟人生价值，弘扬正能量。

清明节时，A村儿童会和大人一起登高望远，折松枝祭奠先人。小伙伴们会在煮好的鸡蛋、鸭蛋、鹅蛋上画出各种形象生动的图案，然后装在用红线编织的网兜里，提着网兜去爬山，祭祀活动结束后找小朋友撞着玩，也就是俗称的"撞蛋"（有的也叫"碰蛋"）。

A村受访者这样说道："出于好胜心理，总希望自己家的鸡蛋能把其他小朋友的鸡蛋撞碎，赢得胜利。"

B村受访者回忆说："我小的时候，清明前后，大家族的人会商议个时间，每家拿出一些好吃的，举行祭奠祖先的仪式。期间，家里的长辈会把所有儿童集中起来，给我们讲家族里的大事记。这既是一种传承，更是一种牢记祖先不忘本的教育。"

清明节过后，气候变暖，草木旺盛，农村里正是春耕的大好时节，故有"清明前后，种瓜种豆""植树造林，莫过清明"的农谚。

（二）"80后"的饮食民俗生活

1. 煎饼

煎饼是鲁南地区的主食，当地人习惯用煎饼卷大葱、老咸菜、辣椒，有"煎饼卷辣椒，越吃越添膘"的说法。

A村受访者介绍说："每年入秋待农忙结束后，我们村里家家户户开始烙煎饼。这个时候天气凉了，煎饼能放住，而且这一烙，能吃到开春。我记得那时，家里的煎饼堆得都和我人那么高了。其实，父母每天都没有闲的时候，不是忙地里的农活，就是忙家里的吃食。80年代的农村父母很辛苦。"

2. 喝羊肉汤

D村受访者说："在三九寒冬一定要喝羊肉汤，因为羊肉汤有驱寒散湿之功效，更有温补脏腑之奇能。尽管你冻得哆哆嗦嗦，上下牙直打战，但只要你进了羊肉汤馆，来上两碗热腾腾的羊肉汤，一定会全身热乎乎的。特别是冬至这一天，人们一定会三五成群地涌上羊肉汤馆。"

访谈故事8（来自D村一位"80后"）：

鲁西南等地有喝羊肉汤的传统习俗。腊月底，家家户户会把自家最肥的公羊杀了，然后煮羊肉喝羊汤。在选料上必须是本地所产的"捶羯""蒙羊"等青山羊肉，而且，煮羊肉的老汤还必须是出自本地的地下水。用传统的民间"大地锅"熬汤，保留了"大锅饭"的民间风俗，用各种调料得煮上一小天。煮熟后，将肉拆好切好，佐以辣椒、羊油，放入煮羊肉的汤锅里，直到羊油全融进汤中。

享用完美味，村里的儿童们就将拆肉时从羊后腿上取下的"骨头嘴"（关节部位）洗干净当玩具玩。每只羊身上，可以取出两个"骨头嘴"。别看"骨头嘴"又少又小，小伙伴们你一个我一个，集的年数多了，便可以集齐十多个。"哗啦啦"撒在桌上或地上，把事先从家里缝好的沙包抛到半空中，迅速抓起散落的"骨头嘴"，眼疾手快地用同一只手接住即将落下来的沙包，当然是"骨头嘴"抓得越多越好。这种传统的"抓骨头嘴"的游戏，给孩子们带来既简单又原始的幸福和快乐。

简简单单的饮食民俗与儿童游戏生活联系在一起，无不体现了"80后"乡村儿童的天真、快乐与无邪。

（三）"80后"的信仰民俗生活

信仰民俗是与物质民俗相对的民俗事项，又称精神民俗、心理民俗。信仰民俗包括宗教、信仰、巫术、禁忌、占卜、预兆、审判等事项。信仰民俗事项往往不是独立存在的，常常依附于物质民俗、社会民俗之上。如农民种地要祭土地，遇旱要祭龙王，渔民出海要祭海神等。

调查数据显示，20位"80后"中有90%的人更"相信命运"。他们认为"龙生龙、凤生凤，生个老鼠会打洞"是有道理的。

20位"80后"对大自然有着莫名的崇拜感。他们对乡村的祭祀、占卜、巫术等表示理解，甚至从精神上表示赞同和支持。

A村一位受访者说："村里过年过节的都会举行磕头、拜奉活动，我觉得祈福最灵验的就是求雨了。我们这里是山村，经常干旱。一到干旱的季节，老人就会找七个女孩头顶着簸箕泼碾，连泼一个星期，雨就真的来了。你说神不神？"

B村一位受访者说："小时候，如果家里有小孩老是生病不康复的话，家里老人就会准备一束线，挨家挨户找来村里的小女孩从这束线中抽出几根来串铜钱。将串了铜钱的现编起来挂到小孩的脖子上。一般戴上几天，小孩子就康复了。据说，这个方法挺管用。"

（四）"80后"的其他民俗生活

除了节日民俗、饮食民俗等民俗生活外，有些乡村还有独特的地方传统文化民俗生活。

B村是土陶之乡。B村的土陶有着6000多年的悠久历史，被称为"耍货"。如今，土陶艺术已经被列为省级非物质文化遗产。"文化大革命"时期，土陶艺术受到严重破坏。1982年经土陶传人甘志友组织抢救、发掘，恢复了祭祀、赏玩和生活用品等三类土陶制品的生产。B村一位受访者说："80年代，家家户户都在用的香炉、担水的罐子、盛面的缸子等都是土陶做的。土陶是我们这里的地方特色，在土陶艺术家甘志友的精神影响下，我们这一代从小就玩土陶，亲历了土陶艺术的发展。如今土陶被列为非物质文化遗产，我们都非常骄傲。"在土陶艺术的熏陶和甘志友的精神影响下，该村"80后"非常认同土陶艺术文化，并积极参与到土陶艺术文化的宣传和建设中。

二、"80后"乡村儿童民俗生活的透视

窥视一个乡村的文化可以从它的民俗活动开始，窥视一代人的精神成长亦可以从民俗生活对于他们的精神影响入手。"80后"乡村儿童的童年生活中饱含着民俗生活的内容。访谈资料显示："80后"乡村儿童对乡村民俗生活认同度较高。20世纪80年代，乡村经济发展落后，物质生活贫乏，人们通过开展节日民俗、信仰民俗活动等表达对未来美好生活的期盼。由于乡村学校农忙、节假日都会放假，所以乡村儿童得以有机会参与乡村民俗生活、体验民俗文化。于是，乡村民俗生活也就成为乡村儿童精神生活的一个重要组成部分。乡村民俗生活不仅让"80后"乡村儿童体验到了生活百味，还承载着他们的情感诉求和精神追求。同时，民俗生活拉近了人与人之间的关系，使得村里的人命运相连，亲如

一家。通过历史分析的方法探寻"80后"乡村儿童的民俗生活，笔者发现，传统的乡村民俗文化在培养"80后"乡村儿童的家庭观、道德观、价值观方面作用显著。

（一）传统乡村民俗对"80后"的积极影响

"80后"乡村儿童受乡村民俗文化的影响较大。与此相应，由于"80后"乡村儿童的积极参与，传统乡村民俗在这一代人身上得到了较好的传承。

1.传统民俗生活作为乡村儿童精神生活的一部分，对乡村儿童起到了价值引领的作用。生活在乡村的儿童无时不受乡村传统民俗的影响。长此以往，传统民俗的相关要求自然而然地就成为制约和规范"80后"乡村儿童言行的规约。

A村一位受访者说："虽然现在看来乡村民俗活动过于烦琐、守旧，但我们这一代人基本是学着成人的样子，遵照执行。因为大家都这么做，而且家长也这么要求，所以我和同龄的小孩从心理上也都是认可的。"

D村一位受访者说："我在镇上工作，一到周末，只要没有什么特别的事情，就肯定会回农村的家。一是为了陪伴父母；二是心理归属感，就好像乡村才有自己的根。"

C村一位受访者说："我们小的时候，村里的人都很勤劳、本分，而且邻里之间互帮互助。只要谁家有困难，都会伸出援助之手。甚至有时候不愿意做饭了，就到亲戚朋友家串个门吃个饭。但现在不一样了，各忙各的，村里风气也变坏了。"

"80后"乡村儿童对于乡村民俗虽然只是一知半解的状态，但是从经受过乡村民俗洗礼的他们身上，笔者看到了乡村民俗犹如春风细雨般滋润着他们的心灵，为他们的心理世界点亮了一颗明灯。这是传统民俗独特的规范和教育作用。对"80后"乡村儿童来说，乡村是他们的根。他们喜欢乡村，甚至愿意守护着乡村。

2.传统民俗彰显了长辈对"80后"的爱

民俗得以代代相传的重要原因之一就是得到了地方人民的认同。20世纪80年代，由于乡村村民自觉参与地方民俗活动，积极保护传统民俗文化，"80后"乡村儿童才得以深切感受地方民俗强大的力量。

"80后"乡村儿童对民俗生活的记忆更多地饱含着感恩。乡村传统的民俗生活中处处都彰显着长辈对晚辈的爱。人是群居动物。在日常生活世界中，人们总希望自己归属于某一个群体，从而得到归属感。传统的民俗仪式、庆典，不仅仅是一种仪式，更是情感诉求的方式之一。

（二）传统乡村民俗对"80后"的消极影响

任何事情都是辩证的。传统的乡村民俗中也存在着一些糟粕和不良成分。为此，有些"80后"乡村儿童也受到了不良民俗习惯的毒害。只有辩证地看待乡村民俗活动对于"80后"乡村儿童的影响，才能更好地理解乡村民俗在乡村儿童精神生活变迁中的特殊意义。

第二节 传统民俗淡化："90后"乡村儿童民俗观念动摇

20世纪90年代末期，乡村民俗文化观念逐渐淡化。受访的"90后"乡村儿童表示，在他们的记忆中，传统的民俗逐渐不受重视，有些观念也逐渐淡化了，取而代之的是一些新式做法。

一、"90后"记忆中的传统民俗

受访的"90后"乡村儿童，目前大都在外地求学或者打工。由于儿童时期乡村民俗生活已经简化，所以他们对地方传统民俗的记忆很模糊。依稀的记忆中，仅春节、清明、端午等典型的传统节日民俗和地方特色的饮食民俗还稍显深刻。节日民俗生活中，受访者谈得比较多的就是节日里关于吃的民俗，而对于节日本身的意义是什么并不甚了解。

（一）春节

1. 春节的饮食

"90后"乡村儿童关于春节的吃的记忆，如："喝了腊八粥，就把年来数"；做豆腐，谐"都福"音；蒸发团（发糕），做团圆饼，含义"合家团圆，步步登高"；备鸡鱼，意指"年年大吉，岁岁有余"；用胡萝卜、白菜心、粉丝等加调料做成"合菜"，红、白、绿相间，鲜嫩可口，象征为人清白，全家和睦。

B村一位受访者说："我们那里过年的时候会用红枣和黏米做年糕。年糕年糕，也就是年年高的意思嘛，吃了年糕就寓意着人们的工作和生活一年比一年提高。"

C村一位受访者说："在我们那里，年三十可以吃肉饺子，初一只能吃素饺子。后来，问了家里的大人才知道，初一吃素饺子的意思是指大年第一天'肃（素）静'了，这整整一年也就肃静了，求的是一年的平安无事。"

D村一位"90后"说："在我们农村老家，过年前都要大扫除、赶大集。把家里收拾一新，再购置点年货，村里到处洋溢着过年的喜气。除了这些，还有三样关于吃的事情也是必须做的——摊煎饼、炸酥菜、包饺子。"

2. 春节期间的相关做法

C村一位受访者说："在我的家乡，腊月初八过后，人们开始忙年，家家户户粉饰墙壁、扫屋清尘、整理庭院、除旧布新、洗涤理发、做新衣、办年货。每年这个时候我家大扫除的任务就是我的。在除尘的过程中，总觉得也给自己的心灵做了一次大扫除。"

D村一位受访者说："正月十五的晚上，我们那里家家户户会在门前点灯。玉米面做的窝窝头的形状做灯座，里面放上一点油，并用棉花搓灯芯。为什么点灯我也不太清楚。但是，我们小孩会趁大人不注意，去其他家把灯偷来，然后第二天玩。"

A村一位受访者说："我小的时候，家里会在除夕晚上在家门前挂一根桃枝，第二天早上会折一段用来熬水洗脸、熬早茶。"

A村另一位受访者说："过年的时候，长辈都说不能动刀，不能扫地。还有一件很有趣的事情。过年的时候，父母会在小女孩头上插花，给小男孩买鞭炮。花的颜色要鲜艳，一般是红色的。所以过年的时候，村里每个小女孩都戴着一朵大红花，特别好看。"

（二）清明节

A村一位受访者说："清明节，家里会煮些鸡蛋，然后涂上颜色，用彩色的编织袋装着。"

C村一位受访者说："每到清明，家家户户在门前插上柳枝，在儿童头上戴柳枝编的柳环，用这样的方式祈盼老人健康长寿、孩子茁壮成长。"

B村一位受访者说："放风筝是清明节人们所喜爱的活动。每逢清明时节，人们不仅白天放，晚上也放。有人夜里在风筝的线上挂上一串彩色的小灯笼，就像闪烁的明星，称为'神灯'；也有人把风筝放上蓝天后，便剪断牵线，任凭清风把它们送往天涯海角，据说这样能除病消灾，给自己带来好运。"

唐代诗人杜牧的经典诗句"清明时节雨纷纷，路上行人欲断魂"道出了清明节的特殊性。清明节给整个四月都笼罩上了一层惆怅的伤感。"90后"的父母为了生计必须外出打工，村里仅剩下了老人和孩子，他们没有能力组织家族集体的祭奠活动。在"90后"的记忆中，清明节虽然没有家族的祭奠，但有学校组织的烈士扫墓活动。抱一束鲜花，给当地的烈士深深鞠一躬，这也能让他们深刻体会到清明节的"特殊之处"。

（三）端午节

端午节也是我国重要的传统节日之一，在"90后"的记忆中有悬艾条、吃鸡蛋等民俗生活习惯。

B村一位受访者说："我们家乡有句谚语叫'清明插柳，端午插艾'。每年农历五月初五端午节，家家都悬艾条于门楣厅堂，成为代代相传的一大习俗。据说，艾草产生的味道可驱蚊蝇、虫蚁，净化空气。端午插艾不仅是传统节日中的点缀，更具有一定的科学道理。"

B村另一位受访者补充说："艾草除了挂还可以煮鸡蛋。端午这一天，家家户户都会用艾草煮鸡蛋。据说吃艾叶煮的鸡蛋不会得眼疾，还能趋吉避凶。另外，我们小朋友就会在一起玩'碰鸡蛋'的游戏，就是用熟鸡蛋互相碰撞，谁的蛋壳碎了谁就输，不服气的可以重新换个鸡蛋接着碰。"

二、"90后"乡村儿童民俗生活透视

"90后"乡村儿童对于民俗生活的记忆主要是民俗的相关做法以及与民俗相关的饮食、娱乐活动，对民俗本身的内涵和意义知之甚少。因为，西方的节日、礼俗文化已经闯入他们的世界，传统民俗不再是他们生长的唯一的"根"。

（一）简化的民俗生活中"90后"乡村儿童丧失了仪式感

现代乡村习俗生活的变化是非常明显的，最主要的表现就是化繁为简。"严格来说，民俗无所谓新旧之分。"①虽然传统民俗必然会在新的价值观、世界观和人生观的影响下日渐势微，但是，新的习俗必然是对传统的评判继承。可怕的是，新旧习俗之间会产生断裂。当传统民俗生活受到质疑，新的规则、规范却还没有制定时，人就会被搁置在一个悬空的状态。20世纪90年代，我国改革开放进一步深化。改革的春风已经吹遍大江南北。鲁南四村也是深受影响。这时，有些人，秉持着传统的

① 林春峰：《"新民俗"与"旧民俗"：现代卫拉特民俗生活（1949年—1996年）及其民俗文化特征》，《西北民族研究》1998年第1期，第205页。

思想，继续充当着传统民俗的守护者；也有一些人，处于中立的、无奈的、不知去向的位置，既不支持也不反对传统民俗，有时间就参加，没有时间也无所谓；还有一些人，态度坚决，批评、反对、抵抗一切和传统民俗相关的行为。这些变化中，涉及最多的就是仪式的简单化。简单化的仪式让"90后"乡村儿童对于传统民俗的虔诚随之减弱。

（二）简化的民俗生活中逐渐失落了存在的意义

"90后"乡村儿童的乡村民俗生活深刻反映了乡村传统民俗的断裂。通过访谈，我们认为乡村儿童精神生活中的文化根基受到了严重了冲击。这令很多"90后"乡村儿童的精神生活无以为靠。更令人匪夷所思的是他们在接受新式思想和做法中表现出来的积极性和渗透性非常强大。比如乡村婚礼，20世纪80年代及以前我们所经历的乡村婚礼，人群浩荡，热闹非凡，每个环节都非常讲究；20世纪90年代及以后，乡村婚礼几乎衍变为一种模式，找几辆车，把新娘拉回家就算结束了，简单完事。在这种简化的乡村民俗生活中，乡村民俗的意义以及生活中所表达的愿望逐渐失落。

第三节　传统民俗消逝："00后"乡村儿童精神生活失根

2000年后，乡村社会结构急剧变化，隔代抚养替代了亲代教养，乡村常住人口减少。为了简化各种礼俗，乡村传统民俗越来越不受重视。"00后"乡村儿童受乡村民俗的影响微乎其微。新式的节日和仪礼慢慢替代传统的民俗习惯和规范，成为"00后"乡村儿童喜欢的生活方式。

一、"00后"乡村儿童热衷的新式节日及内容

受访的30位"00后"乡村儿童都非常喜欢平安夜、圣诞节等西方节日。在这些节日里，他们祈福、狂欢、互赠礼物……

A村一位受访者说："对我们来说已经没有那种'过了腊八就是年'的感觉了。我觉得即使是过年，其实就跟平时一样的。只不过，回村的人多了。村庄里比平时有人气了，热闹了。"

过年过节，家家户户也不会像过去那样，做很多好吃的一直放着。杀鸡、宰羊的场景没了，年味都没有了。

访谈故事9（来自A村一位"00后"受访者）：

我爸妈都在100多里外的城里打工，每年春节到腊月二十七八，甚至二十八九才能回家，过年后初六就又要去城里上班了。因此，过年在我的记忆里只是短短的一段与父母相聚的时间，并不是一个多么受重视的节日。春节前后的寒假里，自己的小伙伴们也都各自在家或守在电视前，或"黏"在电脑上，完全体会不到父母们说的他们小时候过年的种种美好。过年的年货也是父母从超市里大包小包买回来的。就连春联，也都是爸妈从超市买回来的印刷品。初一拜年的时候一看，每家都是一样的字体，隔两家就是重复的内容，一点生机都没有。

有了超市，没有了大集；有了商品，没有了手工自制品；有了手机，没有了人与人的见面畅通和相互问候……一切都是有得必有失。当你拥有了某些东西，你便也失去了某些东西。"00后"乡村儿童受新式思想和做法的影响较多，所以受传统民俗思想的影响就少了。

访谈故事10（来自B村一位"00后"受访者）：

我现在在县城读高一。在我的记忆里，春节等传统节日在自己的生活中越来越淡了。小的时候除夕夜还会一家人一起围在电视前看春晚、包饺子。如今，吃过年夜饭，各人抱着手机聊自己的天，家人之间交流的也少了。就连自己8岁的弟弟，也抱着手机把游戏玩个不停。

我的那些同学也一样，对过年过节已经没有太深刻的感受了。

似乎这些传统节日就是一个符号，自己随着人家敷衍地看一眼就过去了一样。看完就看完了，自己没有参与，也没有留下自己的感受和记忆。但是，我们也有自己喜欢的节日，如圣诞节、万圣节。比如，上个圣诞节前夜，我们给每位老师送了苹果；圣诞节那一天，同学们跟英语老师一起在班级里组织了一个晚会；万圣节的时候同学们一起策划了一些化妆捣蛋的游戏。有个别男生女生也会在情人节悄悄地传递礼物。

如今，农村的生活方式逐渐被城市同化，农村的生活已经没有原来那么悠闲了。大部分青壮劳动力外出到大城市打工。留在家里的老人和妇女只要有一些劳动能力，也到村子周围的小工厂打工去了。工厂标准化的劳动方式取代了过去闲散自由的农业劳动方式，乡村悠闲的生活慢拍子也随之被紧张而忙碌的生活节奏所替代。现代化的营销方式又利用一切机会将节日转化为购买力，商场超市不仅不遗余力地把传统节日变成购物狂欢日，也在利用一切机会把西方的节日引进国内，通过铺天盖地的节日促销广告倾销商品。如此，紧张的生活节奏将传统节日从人们的生活中淡化掉，而节日促销的商业模式同时又将西方节日意识再增强。信息化时代，电视、网络和智能手机等媒介的发展让生活其中的"00后"能迅速、快捷地接收到更加广泛的信息。他们深受时代影响。

紧张的生活节奏和社会的高度商业化渐渐将传统的乡村民俗生活瓦解了，因此乡村节日氛围淡化了。此时，高速发展的信息化又给乡村"00后"儿童提供了可供选择的新鲜生活方式和新的节日。于是，传统节日、传统民俗渐行渐远。

二、"00后"乡村儿童传统民俗生活消逝的原因分析

（一）人口流动致使传统民俗在传承中被遗忘

根据杨聪敏的研究，改革开放以来的三十多年里，农民的流动

分为三个阶段：允许流动阶段（1984～1993年）、限制性流动阶段（1994～1999年）和流动的开放阶段（2000～2008年）。[①]

20世纪80年代，由于家庭联产承包责任制的落实，农村家家户户都有田地。此时，农村流动人口量并不大。即使有外出打工的，每当农忙、过年过节都会回到家乡。因此，"80后"乡村儿童对于传统民俗生活的记忆是清晰的。

90年代以来，我国乡村人口流动量逐渐增长。为了发展经济，带领农民致富，村委将农田集体承包出去，然后引进企业。这是农村为了解决经济发展争相效仿的模式。这使得外出打工的农民工无须惦记家中的农田，解决了后顾之忧。因此，"90后"乡村儿童参与传统民俗生活的经历较少，记忆模糊。

21世纪，随着农村人口的大量流出，村中常住人口中仅剩下老人和孩子这两个弱势群体。依靠这两个群体，延续乡村的传统民俗显然是不可行的。拿过年这个几千年来非常重视的节日来说，很多地方只剩了放鞭炮和看春晚，原来祭祀、守岁等规矩已经渐渐消逝了。

（二）乡村社会变迁引发传统民俗变迁

"农村民俗变迁是整个中国社会转型不可或缺的一部分，缺乏该部分的研究，对中国社会转型特征的认识就缺乏完整性。"[②]农村社会正是凭借民俗来回应社会变迁，从而影响着中国的社会转型。

传统的乡村民俗对村民的家庭生活和个体交往起到平衡作用。但是，随着社会的变迁，这种平衡已经失调。当中国社会进入加速转型期，人口流动不断加快之时，农村家庭的代际关系、生产与生活方式均

---

① 观点参考杨聪敏：《改革开放以来农民工流动规模考察》，《探索》2009年第4期，第132～133页。

② 吉国秀、李丽媛：《作为生存策略的农村民俗：变迁、回应与中国社会转型》，《民俗研究》2011年第2期，第261页。

处于不断变化之中。为了顺应社会变迁、寻求新的平衡，文化调适与创新的责任已然落到了农村新生代的身上。农村新生代是经历着乡村民俗断裂的一代，他们对于传统的乡村民俗并无深厚的感情。

（三）多元化价值支撑着乡村人无须坚持传统民俗

乡村传统民俗是某地区内人民群众共同的精神认知，有深厚的群众基础。民俗生活的开展可以使人们形成认同感、归属感，进而产生对家乡的荣誉感和自豪感。"乡音乡情乡风乡俗乡品是一个地方区别于另一个地方的文化标志，不仅对本土本乡人有吸引力，也是游走他乡、远赴异国的游子魂牵梦萦的牵挂。"[1]那么，一旦这种认同感、归属感缺失，村民对于乡村传统民俗就不会再坚守。21世纪以来，价值多元化是时代与个体发展的必然趋势和结果，其实质就是容纳不同的价值标准。基于这种环境和理念，乡村民俗必然会瓦解，"00后"乡村儿童必然会在一种产生秩序危机的文化中失去方向。

走出乡村民俗淡化的危机，最有效的途径就是进行乡村民俗文化的价值重建，对传统乡村民俗文化进行再认同，从而建立一个合理的传统文化与现代文化"互哺"的机制，并以先进的文化引领乡村文化建设。只有这样，乡村儿童才可能回归中华民俗文化，在一个可以信赖的有根的环境中成长。

第四节　乡村儿童民俗生活变迁透视

改革开放以来，"80后""90后""00后"三代乡村儿童的民俗生活情况变化非常明显，主要体现为内容由繁到简、仪式感由浓变淡。受现代大众文化的影响，乡村民俗文化逐渐荒漠化、边缘化，这"对于乡村儿

---

① 艾莲：《乡土文化：内涵与价值——传统文化在乡村论略》，《中华文化论坛》2010年第3期，第164页。

童精神与人格发展而言，却可能是无法挽回的伤害"①。

一、传统民俗对乡村儿童的影响

目前，世界上许多发达国家都把民俗传统的效用，视为一个国家历史地位的证明，这对于我们这样的一个文明古国，更应如此。我国的民俗文化是中华民族几千年文化的结晶，民俗文化作为一种意识形态的存在，广泛影响着人们的思想和行动。"礼失求诸野"，在我国农村，传统民俗依然存在，虽然已经逐渐淡化了，但对于乡村儿童的影响还是比较大。

（一）积极的影响

好的民俗是民间文化的一部分，客观上能起到安定心灵、优化心态、增添情趣、促成凝聚的作用。所以，总体而言，积极的乡村传统民俗丰富了儿童的生活，给他们带来了快乐，并形成了一定的道德约束。

1.规范生活

民俗是人民群众在生产生活过程中形成的一系列物质的、精神的文化现象，并随着民族、时代和地域的不同而不断演变，从而具有集体性、普遍性、传承性和变异性的特点。传统乡村民俗体现了一定的价值取向，影响着民众的意识与行为，规范着民众的生活，维系着各种社会关系，对社会的进步起着积极的作用，这同时也是一种文化启蒙。

2.纯洁心灵

乡村传统民俗，是长期以来民间社会生活过程中形成的风俗习惯，承载着中国的历史、文化与传统，对生活于其中的村民具有一定的约束力，对乡村儿童的精神成长具有重要的意义。"仲尼有言：'礼失而求诸野'。"中国是一个以乡村为本的国家，传统的乡村文化——淳朴、善良，曾经是令人骄傲、自豪的"亮点"。

---

① 刘铁芳：《乡村文化的缺失与反思》，《农村·农业·农民》2011年第1期，第57～58页。

"存在的都是合理的。"现存的乡村民俗虽然还有一些值得质疑，但毕竟经过了数年甚至数百年的积淀，因此，其中存在着一定的教育意义。中国的传统乡村文化经过了上千年的积淀，不是说结束就能结束的。任何一种文化都不可能在一种封闭的环境中自给自足，交流与传播是文化的基本特性，而且我们需要辩证地看待乡村文化。为了进一步凸显我国乡村文化传统中的精华，吸取其他文化中的优秀成分，还要真正让村民实实在在地受益，我们必须对乡村文化进行积极的建构，建构以传统文化为基础的新型乡村文化体系。但是，乡村文化的建构恰恰是乡村人自己的事情，而不是没有乡村之根的"外人"要建的空中楼阁。

（二）消极影响

1. 铺张浪费现象严重

在农村的婚丧嫁娶活动中，很多家庭为了讲排场，铺张浪费现象严重。

访谈故事11（来自C村一位"80后"）：

> 农村里，原来像结婚生子、老人去世等这种大事才请客。现在请客的项目越来越多，如升学宴、乔迁宴，任何一个事件都可以作为请客的理由。

> 还有就是以往请客只请有礼尚往来的亲朋好友，现在请客普天同"请"，只要是认识的，能请得到的全请，街坊邻居、同事、同学甚至只要有一面之交的熟人也请，让人躲避不及啊……

访谈故事12（来自D村一位"80后"）：

> 我们家一年光人情开销就得好几千啊。有的时候一个月能去四五家。不过，为了不浪费自己的时间，有的只是送了礼金、吃个饭，也不参与仪式什么的。

2. 攀比心理严重

乡村民俗生活出现铺张浪费的主要原因就是村民产生了攀比心理。

一些乡村在办理丧事时攀比，宰牛杀牲畜之风愈演愈烈，从最初的宰杀5头牛演变成宰杀10头牲畜并通过"赛牛皮、比牛头"等方式炫耀。也有的乡村在办理婚事的时候攀比彩礼，从最初的8.8万元到现在的突破20万元，还要车子或房子。有些人家结了婚，婚车也不怎么用。在农村，出去一趟，一般骑个摩托车就可以了，方便。还有一些人家操办丧事时，大量燃放烟花爆竹，造成环境污染和极度浪费。

在攀比之风盛行的农村，有一些贫困家庭，为了面子借钱也要把丧事办得"风风光光"，请乐队和职业哭丧者等场面颇为壮观。

由于攀比虚荣心作怪，村民之间比规模、比气派，唯恐落后。这种坏风气导致很多年轻人对于家乡传统民俗颇为反感。

3. 落后的迷信、腐朽思想

乡村传统文化是一种典型的"农耕—宗法"文化，带有一定的封建残余和狭隘的"情本"等小农意识。如刮锅灰给发烧的孩子烧水喝，小孩子如果总是哭或总是睡就会请"神婆"来叫魂的做法，重男轻女、女子无才便是德等观念，都是一些需要摒除的迷信思想。

在信息化的今天，乡村传统民俗也呈现与现代新民俗、城市民俗等融合的趋势。在融合的过程中，一些不合时宜的腐朽的民俗就会慢慢消逝。

二、乡村儿童传统民俗生活变迁的透视及思考

民俗在不同年代的乡村儿童的记忆中都留下了重要的印迹。访谈结果表明：传统乡村民俗对"80后""90后"和"00后"三代乡村儿童的影响逐渐减弱。随着电视和网络的普及，外部的信息逐渐传入乡村，城市的生活理念、生活方式也随之一起传入乡村。同时，随着乡村大批劳动力到城市就业，他们慢慢习惯了城市快节奏的生活，逐渐改变了原有的乡村民俗。因此，随着时间的推移，乡村特有的民俗在逐渐淡化，而从西方传入的如圣诞节、复活节和万圣节等节日逐渐在儿童精神生活中占据重要位置。这一系列的变化对乡村儿童的精神成长也产生了重要影响。

（一）家族观淡化，个体意识增强

"家和万事兴。"家族习俗在一定程度上约束着家庭成员之间的行为和关系，增强了家庭成员的责任感，有利于培养孩子良好的习惯。如，20世纪80年代鲁南地区的家规作为一种规范，在约束和教化族人方面发挥了很大的作用。梁漱溟认为，一切社会组织均以家为中心；所有人际关系，都从家的关系出发。在比较封闭的乡村社会中，家规对社会结构的稳定起着重要的作用。虽然和法律相比，这是一种非正式的制度，但作为一个社会的文化状态，"也在乡村社会中产生了具有同一性、稳定性和持续性等特征的生存方式，增强了农民的凝聚力以及对其所生存的村落共同体的依赖感和归属感，从而规范和约束着人们的行为，自觉维持着乡村社会的生产生活秩序"①。

现代社会的个人主义将在农耕社会中形成的以血缘为纽带建立起的家族观念慢慢冲淡。所谓的"本家"意识，也被现代社会的主流价值所取代。其实，这何尝不是现代社会发展的必然？当固守农耕的小农经营模式、家庭经营模式变为更为开放的市场经济，更加利己的思想意识就会占据主导地位。例如，部分"00后"相信"人不为己，天诛地灭"这样的言论。

胡适先生曾言，"吾国之家族制，实亦有大害，以其养成一种依赖性也。吾国家庭，父母视子如养老存款；子妇视父母遗产为固有；甚至兄弟相倚依，以为兄弟有相助之责，甚至一族一党，三亲六戚，无不相传依……"所以，有人慨叹，"家族意识淡化是一种进步"②。此处，我们

① 赵霞：《传统乡村文化的秩序危机与价值重建》，《中国农村观察》2011年第3期，第82页。
② 王传涛：《有多少人在意自己的姓氏排名》，《工人日报》2014年6月26日。

不去辩论经历了几千年的家族意识的利与弊。但不可否认，家族意识的解构，对于每个个体而言，都将面临心理上的无依无靠和不安全感。所以，个体为了自己能更强大，就会采用一切手段，甚至牺牲他人利益。

（二）孝文化的认可度降低

中国是个文明古国，也是文明大国，一直有"百善孝为先"的思想，孝文化源远流长。"孝子膝下有黄金""滴水之恩，当涌泉相报"的观念得到了普遍认可。孝是一种理念与精神，是立身之本，是社会责任意识的源头，是中华传统文化的重要组成部分。

鲁南地区关于孝子的故事层出不穷，孝文化深入人心。但是，我们发现，三代乡村儿童对于孝文化的认可度一代比一代低。根据四村三代儿童对于孝文化认可程度的比较进行分析："80后"对孝文化的认可程度最高，其次是"90后"，最后是"00后"，呈现递减的趋势（见表3）。

表3　　　　三代儿童关于品质重要性的排序情况（最多选3项）

单位：%

排序	"80后"	"90后"	"00后"
1	孝敬　90	善良　100	诚实　93.3
2	善良　75	诚实　80	善良　90
3	诚实　70	孝敬　70	谦虚　70

乡村民俗的淡化导致乡村儿童对孝文化认可度降低。事实上，举办节日庆典、祭祀等活动本身并没有太大的意义。卡西尔认为这种仪式"并不是用于实践的目的，不是为了在日常生活的需要方面来帮助人。它被指定用于更高的目的，用于大胆而冒险的事业"[1]。这种目的应该是高于形式化的指向，是思想的教育和观念的同化。社会转型时期，传统文化与现代文明之间的博弈不可避免。但无论什么时候，我们都需要

---

[1]［德］卡西尔：《人论》，甘阳译，上海译文出版社2004年版，第128页。

感恩——父母的养育之恩、老师的教育之恩、领导的知遇之恩等。关键在于在矛盾中我们如何将传统与现代进行融合，在新旧价值体系中不断调和。

通过农村传统习俗对乡村儿童进行个人价值观与孝道意识等观念的培养和教育的意义重大。一方面，在仪式上通过穿什么、吃什么、行什么礼等让乡村儿童铭记在心；另一方面，在社会实践中通过生成正确的舆论引导乡村儿童采取正确的行为。为进一步调节乡村民俗的正确导向，我们需对传统民俗进行价值甄别，真正实现"去其糟粕、取其精华"的效果，焕发乡村民俗中的自信和生机，从而丰富乡村儿童的精神文化生活，引领他们在传统文化所蕴含的优秀品质中形成正确的人生观与价值观。

第四章　乡村儿童文艺生活的三十年变迁

歌德曾说："人类要逃避世界，最好莫如透过艺术，人类要使其自己与世界连结，最好莫如透过艺术。"[①]文艺生活是乡村儿童感受、体验乡村生活的一种独特方式，是精神生活对物质生活的理解与共鸣。在乡村儿童的所有精神生活中，文艺生活是进一步了解乡村文化、传承乡村文化的重要方式。改革开放以来，乡村儿童生活经历了巨大的变迁，如从集体共同观看露天电影到个体独自欣赏电视动画、网络娱乐节目的变迁，或从乡村文化宣传队的成立到落寞到再组建的变迁。这种变迁对乡村儿童的精神影响难以言喻。

第一节　"80后"乡村儿童的文艺生活

20世纪80年代，土生土长的乡村文艺活动非常活跃。村村都有宣传队、戏班子，农闲时候，他们经常组织文艺活动。回顾"80后"乡村儿童的童年，不难发现，他们的童年回忆里充满了露天电影、乡村戏曲、小人书、连环画等具有浓厚乡土气息的文艺生活。

---

① ［德］卡西尔：《人文科学的逻辑》，关之尹译，上海译文出版社2004年版，第89页。

一、"80后"乡村儿童文艺生活的内容

露天电影、乡村戏曲、歌谣等给"80后"乡村儿童带来了无限的快乐，小人书则弥补了"80后"乡村儿童的阅读空白。

（一）露天电影

露天电影在20世纪30年代由电影批评家王尘无首次提出并呼吁并推广的。在抗日战争和解放战争期间，露天电影发挥了巨大的战争宣传和文化传播的作用。中华人民共和国成立初期，社会物质和精神文化生活都十分贫乏，乡村情况尤甚。及至20世纪80年代，露天电影得以在农村广泛推广，看露天电影成了那个时代乡村人最大的期盼和享受。相关数字显示："1982年，在我国乡村地区电影放映场数达到2400万次，农民观众更是高达194亿人次，这相当于每天平均有5000多万农民观看电影，平均每个农民一年观看24场电影。"①观看露天电影是"80后"最难忘的一段记忆。每每放电影，全村人都将此作为最重要的事情来安排。到了晚上，全村男女老少拿着凳子、垫子去占位置。露天电影是"80后"乡村儿童在那个娱乐贫乏时代最快乐的记忆。

20世纪80年代的放映设备很简单，一块白色的大幕布加一台放映机——常常嘎吱作响，就是所有的设备了。在没有通电的乡村放映时，还会配上一台轰隆作响的汽油发电机。幕布通常挂在两棵树之间，有时会挖两个坑、竖两根木桩，将幕布挂在两根木桩中间。来自四个村的20位"80后"受访者表示均看过露天电影。当谈及露天电影时，他们依然回味无穷。

1. 20世纪80年代露天电影的题材

80年代的露天电影是乡村开展宣传教育的重要途径之一，其题材主

① 刘君：《露天电影：从流动影像放映到公共生活建构》，《东南学术》2013年第2期，第221页。

要有抗战片、亲情片。

"80后"看过的露天电影以抗战片居多，其中有代表性的是《英雄儿女》《三毛从军记》《小兵张嘎》《南征北战》《渡江侦察记》《地道战》等。

B村一位受访者说："在我印象中，小时候最高兴的事情就是夏天搬个马扎去看电影。现在想想，那时候不是去看电影，而是去感受一种热闹的气氛，就像过年似的。那时放映的都是抗战片，《小兵张嘎》《南征北战》《渡江侦察记》《地道战》等，每部影片都看了不下十遍。看电影是村民唯一的娱乐方式。新影片一来，先在村小的操场放映，然后再下各个大队循环放映。同一部影片，邻近几个大队放映时，几乎全村的小孩子都赶过去看，百看不厌。"

看多了战争电影，在没有电影的日子里，乡村儿童便经常模仿电影中的场景。C村一位受访者说："我们常玩'抓特务''鬼子进村'的游戏。我们的武器装备都是就地取材，竹竿做红缨枪，苞谷须做枪尾装饰，黄金叉棍做弓弹枪，树木棍棍做手枪、冲锋枪……"

A村一位受访者说："在露天电影中我知道了谁是八路军，谁是特务，谁是国民党，谁是日本鬼子。我现在还能唱《闪闪的红星》中的插曲《红星照我去战斗》。露天电影对我们'80后'的影响太大了。"

"小时候，看《妈妈再爱我一次》时，我记得全场都哭得稀里哗啦的，从此《世上只有妈妈好》这首歌也在我们同学中流行起来。"A村一位受访者回忆道。

D村一位受访者分享了小时候看过的武打片。"印象超级深刻的是三年级在自己村子里看露天电影，片名叫《江湖奇兵》。我到现在还记得里面的人物个个造型奇特，都是为了争宝物。这种片子现在让人看估计都会打瞌睡，可我那时候看得热血沸腾，因为里面五花八门的打斗太雷人了。"

从访谈对象的回忆来看，"80后"乡村儿童所看电影的主题主要是讴歌新社会幸福生活反映英雄主义控诉旧社会苦难的电影以及战争纪录片等。

2.露天电影："80后"乡村儿童的难忘记忆

20世纪80年代，农村经济文化比较落后，村民业余文化生活种类单一，乡村儿童的文艺生活也比较匮乏。能够看一场电影，是一件幸福的事。经访谈调查，"80后"乡村儿童普遍认为露天电影是童年最美好的记忆之一。

（1）露天电影具有重要的教育意义

80年代，露天电影是"唯一大众的、普及的、直观的和无偿的文化载体"[①]，对"80后"乡村儿童起到一定的宣传教育作用。D村一位受访者说：

"每次看完电影，我们几个小伙伴都会对影片的内容讨论好长一段时间，慢慢地也就形成了基本一致的认知，如电影中谁好谁坏、什么样的行为是对的，等等。"

A村一位受访者这样回忆道："那时候一部电影能看很多遍，所以，电影中的情节、历史文化故事，甚至是人物台词至今都能倒背如流。"说着，他就热情地讲起了《小兵张嘎》中的详细情节。

C村一位受访者说："我记得那时的电影大都是样板戏和战争片，也有生活喜剧片。记忆比较深刻的有《地道战》《南征北战》《四渡赤水》和《血战台儿庄》。"

总体而言，露天电影在一定程度上起到了对"80后"乡村儿童进行宣传教育的作用，尤其是红色教育，深深扎根在他们的童年记忆中。

[①] 张新科：《文化捐者·社会徒者·政治佣者·生活使者——二十世纪50—80年代中国农村电影放映员社会角色评判》，《南京理工大学学报》（社会科学版）2006年第2期，第33页。

（2）看露天电影是件快乐的事情

"80后"乡村儿童的精神成长处于一种自发的自我启迪、体悟状态。当无欲无求之时，"80后"乡村儿童的精神便在一种自然、自在、自由的状态下健康成长。在"80后"乡村儿童身上，我们看到他们的快乐是简单与纯粹的，欲望也总是很容易满足。看露天电影，正如过年过节一样，给予"80后"乡村儿童无限的快乐。

C村一位受访者回忆说："我清晰地记得第一次去看露天电影时的情景。我和几个小伙伴很早就过去了，一会儿去摸摸幕布，一会儿围着放电影的大叔问这问那……对一切都感觉那么新鲜和好奇。""只要见到放映员骑着他那辆驮着两个军绿色大帆布袋的自行车出现，村民们就格外高兴，大人小孩都搬着小板凳来广场上抢位置，就连邻村的村民也纷纷赶来观看。放映员的到来，是村里的一件盛事。"

A村一位受访者说："那时学校放学早，回家后我总是帮着家里干农活。但只要遇上村里放电影，父亲就会早早收工，母亲也提早烧好饭菜。我们火速吃完晚饭，搬起凳子就去占场。每次电影播放之前，大队都要开动员大会，统一大家的思想，现在想想还蛮有意思的。"

"那时的农村没有什么业余活动，农闲时很多人都无所事事，所以，每逢村里放电影，十里八乡的人们都会早早地吃完饭，涌向电影放映点，很多是拖家带口一起来观看的。最高兴的当然是孩子们了，他们可以在拥挤的人群中打闹嬉戏……"B村的一位受访者说："每当放映员在放胶片盘的铁盒子中翻找要放映的影片时，调皮的孩子们总会伸出手，在投影机前面晃荡，白幕上就会出现一只只手影。"一场电影能让"80后"乡村儿童乐好几天。

在访谈过程中，露天电影的话题让"80后"乡村儿童感到非常兴奋，犹如置身其中，又回到了童年。这足以说明，露天电影给他们带来了怎样特别的快乐。

露天电影也是乡村儿童闲暇时讨论的主要话题之一。乡村儿童通过讲述电影中的故事情节模仿电影人物的表演等方式提高了自身的艺术修养。

（二）乡村戏曲

除了露天电影，"80后"乡村儿童还参与过如乡村戏曲、木偶戏等以经典故事、地方民俗、邻里生活为内容的文艺活动。当地的文艺爱好者会组建戏班子或剧团，在各村流动演出。每到一处，都会有很多村里村外的孩子前去观看。乡村戏曲具有草根性，一般用当地方言演唱，与乡村儿童的日常生活非常贴近。

乡村戏曲是流行于一定区域，具有地方特色的戏曲剧种的通称。地方戏曲作为地方传统文化的表现形式，为当地群众所喜闻乐见。地方戏曲在传承过程中，既融合了传统文化的精神，又体现了当下人们的精神需求。

鲁南B村很早就成了当地有名的"文艺之乡""戏曲的温床"，也就是民间俗称的"戏窝子"，从诞生到现在，兴兴衰衰已有一二百年的历史。在20世纪80年代至90年代中期，那些没有机会进专业剧团的演员们，继续在该村业余剧团中发挥着文艺骨干的作用，并产生了巨大的影响。每当有婚丧嫁娶村民都会邀请窝班剧团去搭台演唱，这一形式深受广大乡村群众的喜爱。该村的5位"80后"不仅自小就听过本村剧团演唱的戏剧，而且对于窝班剧团的发展历史都能讲得很清楚，他们对于戏剧有着难以言喻的独特情感。

C村一位受访者介绍道："村里只要有红白喜事或庙会，我们就有机会看到乡戏。戏曲的主题大都是反映生活中的伦理孝道、邻里关系等。和在晚上看电影不一样，看戏一般是在白天。我们一群小伙伴根本不关心唱的内容，都是跟着大人去玩的。借着这样的机会，小朋友们聚在一起做游戏。"

乡村剧团通过为乡村村民提供丰富多彩的精神文化娱乐活动，潜移默化地改变着人们的思想、生活观念和行为方式。从一定意义上来讲，乡村戏曲在宣传党的路线、方针、政策等方面发挥了重要的作用，为乡村文化发展探索出一条贴近实际、贴近生活、贴近群众的文化发展路子，使乡村文化呈现出一片生机勃勃的新景象。更重要的是，乡村戏曲为乡村儿童的精神成长营造了浓郁的乡土气息和和谐的人文环境，是培养乡村儿童正确的人生观、价值观的重要途径。

（三）乡村童谣[①]

童谣是乡村儿童精神生活的重要内容。童谣多是辈辈相传，以口头的形式，用朗朗上口的方言哼唱，涵盖内容多，适宜年龄广。其所包含的情感正如何德兰书中所说："中国儿歌的语言最能包含对儿童诚挚而温柔的情感。"[②]

20世纪80年代，乡村文化资源匮乏，儿童阅读材料稀缺，童谣这种口头语言资源便成为乡村儿童精神生活的重要组成部分。在乡村儿童的成长过程中，童谣在滋养其精神方面起到了重要的作用。

"80后"乡村儿童是听着、唱着童谣长大的。此次访谈调研过程中，课题组从"80后"的口述中搜集到诸多反映当地风情的民间歌谣。

1.认知常识类童谣

小白鸡，鸡嘎嘎，上南园，餐黄瓜。黄瓜有种，要吃油饼，油饼油面，要吃鸡蛋，鸡蛋有皮，要吃牛蹄，牛蹄有毛，要吃樱桃，樱桃有尖，要吃叫官（蝈蝈），叫官有翅，要吃麦穗，麦穗有芒，要吃红糖，红糖希甜，要吃火镰，火镰挺硬，急得踢蹦。

马嘴方，牛嘴圆，羊嘴像个对槽船；狗嘴尖，猪嘴齐，鸡嘴半截没有皮。

---

① 本部分的童谣均为鲁南四村"80后"乡村儿童所提供。

② ［美］何德兰、［英］布朗士：《孩提时代：两个传教士眼中的中国儿童生活》，王鸿涓译，金城出版社2011年版，第9页。

类似这样的童谣在乡村非常多，对儿童增长见闻、扩充知识大有裨益。

2. 反映日常规律的童谣

数九歌：

一九二九不出手，三九四九冰上走，五九六九沿河看柳，七九河开，八九燕来，九九加一九，牛羊遍地走。

不知名的反映天气变化的童谣：

云彩往北一阵黑，云彩往东一阵风，云彩往西披蓑衣，云彩往南雨连连。

反映春节民俗的童谣：

二十三糖瓜粘；二十四扫房子；二十五磨豆腐；二十六炖大肉；二十七宰公鸡；二十八把面发；二十九蒸馒头；三十晚上熬一宿，大年初一扭一扭！

童谣里凝聚了人们对自然规律的总结，富有知识性和哲理性，孩子们哼唱的过程也是进行社会学习的过程。

3. 游戏中的童谣

小汽车，滴滴滴，马兰开花二十一，二五六二五七，二八二九三十一，三五六三五七，三八三九四十一，四五六四五七，四八四九五十一，五五六五五七，五八五九六十一，六五六六五七，六八六九七十一，七五六七五七，七八七九八十一，八五六八五七，八八八九九十一，九五六九五七，九八九九一百一。

这是 C 村"80后"儿时跳皮筋时唱的童谣《马兰花》，有的地域孩子们踢毽子时也唱这首童谣。整首童谣十分押韵，内容与数数相关，唱起来很顺口，孩子们在玩游戏的同时把100以内的数数又练习了一遍。

游戏童谣还有如："张大量，扛大刀，拿来人，既你挑，挑花的，挑丽的，挑个少头没皮的。"（此童谣根据方言谐音编写）着童谣做游戏，既增加了游戏的趣味性，又增加了学习知识的机会。

4.谜语童谣

猜谜语是乡村儿童十分喜欢的一种智力游戏，有利于儿童增长知识，锻炼推理能力以及发现和捕捉事物特征的能力。往往是大人先教小孩猜，小孩学会之后，在小伙伴之间互相猜。如弟兄七八个，围着柱子坐，只要一分开，衣服就扯破（谜底是蒜）。

5. 其他童谣

还有一些童谣以幽默的语言，好玩的故事和朗朗上口的韵律吸引着孩子，深受乡村儿童喜爱。如以下三则：

小老鼠，上灯台。偷油吃下不来，买个馍馍哄下来。

扯大锯，拉大锯，姥爷门前唱大戏。接闺女，请女婿，亲家婆婆你也去。

一二三四五，上山打老虎，老虎没打着，打到小松鼠。松鼠有几只，让我数一数，数来又数去，一二三四五。

（四）连环画

连环画弥补了"80后"乡村儿童的文化阅读空白。连环画又称连环图画、连环图、小人书、小书、公仔书等，是一种中国传统艺术。它以连续的图画叙述故事、刻画人物，是一种老少皆宜的通俗读物。20世纪80年代，文艺生活相对简单，连环画成为大多数青少年重要的课外读物。由于连环画的艺术表现形式多样，具有中国传统文化和一定的历史时期特色，因此连环画具有独特的艺术表现力。在20世纪80年代，连环画以图文结合的方式深受"80后"乡村儿童的喜爱，弥补了他们的阅读空白，丰富了他们的文艺生活，促进了他们的精神成长。

20位受访的"80后"乡村儿童中，儿童时期读过四大名著原著者为0。但了解《西游记》和《三国演义》中的部分故事的却占到70%，主要途径就是阅读小人书。

C村一位受访者回忆起上学的故事，颇为感慨："上小学的时候，我记得有一次有个同学带着小人书来学校，同学们都抢着看，出现了排号看书的现象。我和一个小朋友因为谁先谁后的问题还闹了别扭，最后因打架被告到老师那儿，小人书也被没收了，害得我伤心了好一阵子。"

B村一位受访者说："我上学的时候喜欢读连环画，每次去镇上，都吵着让爸妈给我买。以前的书店和现在不一样，不让在店里看。每次买了之后，在回家的路上，坐在自行车的后座上我就能看完一本。现在想想，那个劲头要是用在功课上就好了。"

受访的"80后"乡村儿童均表示，上学期间看连环画相当流行。连环画让"80后"乡村儿童有机会通过文本的形式了解了《红色娘子军》《白毛女》《沙家浜》《红灯记》等作品。

二、朴实的乡村文艺生活满足了"80后"的怡情之需

20世纪80年代是一个思想膨胀但精神生活内容极度匮乏的年代。乡村文艺演绎的方式有说，有唱，也有表演，虽然不及科班出身的演员专业，在舞美效果方面也不及专业表演舞台，但是在20世纪80年代，已经很好地展现了文艺的独特魅力，为乡村儿童提供了愉悦心情的精神食粮。朴实的乡村文艺生活在一定程度上满足了"80后"乡村儿童基本的怡情之需。

乡村文艺对乡村儿童在明辨是非善恶方面起到极好的导向作用。一方面，口语化的表达，通俗易懂，让"80后"乡村儿童感觉非常亲切；另一方面，将邻里乡亲的真人实事搬上舞台，通过小故事演绎大道理，具有很强的说服力。于此，乡村文艺生活中的露天电影和乡村戏曲对"80后"乡村儿童的精神健康成长是非常重要的。

乡村文艺生活陶冶了"80后"乡村儿童的情操。乡村文艺表演过程中，演员们为了达到一定的效果，力争做到尽善尽美。内容上，有反映浓郁乡土气息和地方人文色彩的，有紧紧围绕神话传说、风俗习惯等特定的形象或典故的。这些节目整体形象丰满，突出且强化了情节性、故

事性，可观赏性非常强。

B村一位受访者说："我们村的窝班剧团在整个乡镇远近闻名。我小时候经常去听他们演唱。至今难忘的是演唱过程中二胡的伴奏，声音非常美妙。"

乡村文艺对于"80后"童年的影响只是通过某一角度有某一点点的启示，但对于他们来说这种文化启蒙弥足珍贵。

当然，物资贫乏，由于缺乏高层次的文艺生活，如阅读等，"80后"乡村儿童的整体文艺生活质量偏低，致使他们对于美的赏析和创造缺乏艺术。"读书足以怡情，足以博采，足以长才。"虽然连环画弥补了"80后"乡村儿童课外阅读的空白，但由于所涉及的题材和内容有限，重图轻文，文学性较低，因此难以满足儿童阅读的需要。而且即使是连环画，"80后"乡村儿童也无法充分获得，更别提其他领域的阅读材料了。

第二节 "90后"乡村儿童的文艺生活

20世纪90年代，电视慢慢进入乡村儿童的视线，露天电影渐渐淡出了乡村生活。"90后"乡村儿童很少体验过露天电影的乐趣，在电视的吸引下，他们的兴趣转向了动画片、电视剧等文艺生活内容。

一、"90后"乡村儿童文艺生活的主要内容

（一）看电视

20世纪80年代，一个村子里只有少数几户有电视机。对于"80后"乡村儿童，电视是个稀罕物。20世纪90年代，在农村，电视机逐渐普及。与此同时，乡村的露天电影开始消退。当问及"90后"乡村儿童是否看过露天电影时，他们的记忆并不那么清晰，情绪也不高涨。"露天

电影的衰亡体现着农村中一类典型且重要的基层公共生活形态正在退出历史的舞台，与之相应的文化启蒙和公众参与等内容也不复存在，个体融入社会公共空间的渠道不断被侵蚀与阻隔。"①在农村，我们再也不会看到天微黑就搬着马扎去看电影的热闹场景了。电视的普及和露天电影的消退，使得"90后"乡村儿童生活的主要"精神事件"发生了变化，表现在：精神生活的空间由室外转向了室内，内容由电影转向了电视，参与方式由集体参与转向了个体参与。

1.热衷电视动画片

文艺生活是"90后"乡村儿童精神生活中最重要的组成部分，其中看电视是他们常见的打发闲暇时间的方式。在所有节目中，"90后"乡村儿童最爱的是动画节目。电视动画"以其逼真的形象，丰富的想象，趣味横生的故事吸引着少儿"②，不仅是乡村儿童欢乐的来源，更承载着他们对新鲜事物的追求与向往。动画片的引入和兴盛大大改变了乡村儿童的文艺生活及其精神面貌。"90后"受访者在回忆童年生活时说道：

我小时候，除了上学之外的业余时间，基本上就是在看电视。那时，父母忙于农活，无暇顾及我们，我们就跑到一个有电视的小朋友家里去看。那时候一看就是一下午，只要有电视看，什么节目都可以。

我们这里是山村，我家距离其他小朋友家比较远。所以，到了周末我经常自己一个人在家看电视。

A村一位受访者（现为上海某高校在读硕士研究生）说："我爱好画画，现在学的是艺术设计。我之所以会走上艺术的道路，和儿时看动画片的经历是分不开的。动画片中卡通人物形象和场景的设计让我非常感

---

① 刘君：《露天电影：从流动影像放映到公共生活建构》，《东南学术》2013年第2期，第222页。

② 赵金录：《论我国少儿电视动画片在儿童社会化中的不足》，《电化教育研究》1999年第4期，第62页。

兴趣，小时候我就特别爱模仿着画动画片中的人物、场景。"

20世纪90年代的大部分电视动画"符合少儿的年龄特征，有利于少儿身心健康的发展"[1]。但是，90年代后期，随着日本、欧美动漫进入中国市场，以及电视剧中的语言暴力、动作暴力、粗俗情节等不良内容的增多，乡村儿童的精神成长也受到了负面影响。

2.青睐综艺节目，以明星为榜样

"90后"乡村儿童的文艺生活深受明星偶像的影响。崇拜什么样的偶像能部分地反映一个人的文化生活品位。"90后"乡村儿童偶像崇拜热情高涨的时期是他们上中学的时候。这个时期，他们经常会在一起讨论所看的电影、电视剧和综艺节目，竭力模仿自己喜欢的明星，包括日常行为和生活偏好等。这种现象与大众传播媒介的迅速发展密切相关。同时，由于多元文化和价值观的影响，"90后"乡村儿童的偶像崇拜表现出明显的离散性。

形象优质的明星会深受青睐。A村一位女性受访者说："我从小最爱看的是动画片，当没有动画片看也没有其他事情做的时候也看电视剧。我小时候喜欢长得漂亮的女明星。现在偶尔想起，我会问自己为什么会喜欢她呢？可能是希望自己有朝一日也能由灰姑娘变成公主，就好像她的身上或者她所扮演的角色寄托着我的梦想一样。"

才华横溢的张信哲、张宇、林志炫等歌星是"90后"崇拜的偶像，疾恶如仇的"小燕子"也是他们喜欢的明星偶像……偶像是乡村儿童成长中的重要他人。电视的普及，给乡村儿童带来了更多想象的空间。偶像给予"90后"乡村儿童的精神成长以特殊的能量，为乡村儿童的成长提供了支持和意义。

---

[1] 赵金录：《论我国少儿电视动画片在儿童社会化中的不足》，《电化教育研究》1999年第4期，第62页。

（二）乡村戏曲

20世纪90年代，产生了由乡土性向现代性过渡的一代人。对他们来说，乡村戏曲、马戏团等是稀罕物，运气好的时候会在集市上碰到。受访者谈及乡村戏曲等仍带有一种惋惜之情。

A村一位受访者说："村里赶集的时候，往往能看到邻村一位耍猴的。据说，只要有赶集的，他都会去。整个集市上，他这个摊位前面围观的小伙伴最多了。"

B村一位受访者说："我们村闻名遐迩的窝班剧团在我小的时候已经不再那么风光了。说起来挺可惜的。整个剧团没有专业的人员，而且唱的内容比较守旧。"

20世纪六七十年代，乡村文艺宣传队以其简单、质朴的节目形式，活跃于广大乡村。90年代，随着电视机的普及，足不出户观看电视节目较之拥挤地去看戏更为便捷，加之电视节目的趣味性不断提高，节目形式更为丰富，乡村文艺在夹缝中难以为继。另外，随着改革开放的浪潮在农村掀起，乡村主要劳动力逐渐走出农村，投身市场经济建设中，已无暇欣赏乡村文艺。于是，乡村的文艺队逐渐解散，很少再有演出，这使得乡村的传统优秀文艺节目面临失传的危险。

（三）乡村阅读

1. "90后"的读书观：受世俗观念影响

20世纪90年代中后期，乡村经济发展有了较大起色。经济较富裕的乡村乘着农村经济飞速发展的春风建起了乡村图书馆。乡村从整体上开始关注下一代的教育问题。随着90年代乡村劳动力逐渐向城市转移，城市的大门向乡村打开了。乡村儿童对城市生活非常向往。在乡村，家长多以好好读书，考上大学，跳出"农门"来激励孩子。然而，家长对阅读的看法比较功利，他们认为只有教科书才值得读，才有助于改变孩子的命运。因此，"90"年代乡村儿童的阅读材料主要是教科书，非教科书类的课外阅读十分匮乏。

A村一位受访者说："我们初中毕业的时候能考学的比例很小，一个班四五十个人，只有10个左右的同学能继续读书。很多同学读到初中就已辍学，有的撑到初中毕业就直接出去打工了。那时候，我们的学习氛围不够好，学习方法也不科学，能把老师讲的弄懂就很不错了。因此，我们除了死读书、读死书之外，很少读课外书。"

2."90后"的阅读情况

在受访的10位"90后"中，儿童时期读全四大名著的比例为0，仅读过1本的占50%（《西游记》），读过2本的占10%，读过3本的占40%。受访的"90后"乡村儿童在阅读材料方面较"80后"要丰富得多。访谈结果显示，他们童年时期曾读过《格林童话》《安徒生童话》《伊索寓言》《一千零一夜》等不同版本的世界经典儿童文学。

C村一位受访者讲述道："上小学的时候，我们班里有一个图书角。班主任要求每位同学提供两本课外阅读图书，在午休之前每位同学必须阅读半小时。这是一个扩充阅读视野的好方法，我就是在那个时候养成了良好的阅读习惯。"

"90后"乡村儿童较好的阅读习惯归因于乡村经济的发展、阅读材料的增多以及教育观念的逐渐改善。

（四）"90后"乡村儿童熟知的歌谣[①]

"90后"乡村儿童熟知的歌谣中，乡村民间歌谣越来越少。他们吟唱比较多的是从电视或学校习得的，如数蛤蟆的歌谣：

一只蛤蟆一张嘴，两只眼睛四条腿，扑通一声跳下水。两只蛤蟆两张嘴，四只眼睛八条腿，扑通、扑通跳下水。三只蛤蟆三张嘴，六只眼睛十二条腿，扑通、扑通、扑通跳下水……

---

① 本内容中的歌谣均为鲁南四村"90后"乡村儿童所提供。

这首数蛤蟆的童谣在全国范围内都广泛流传，以其无限的可拓展空间吸引着孩子。吟唱这首童谣不仅是语言的学习，更是对算术能力的考验。

除了童谣，谜语和谚语也得到了"90后"乡村儿童的青睐，丰富了他们的娱乐生活，对"90后"的成长起到了重要的作用。以下是访谈过程中受访者回忆的一些谜语。从内容来看，大体分为以下几类。

1. 关于植物的谜语

一个小姑娘，生在水中央，身穿粉红衫，坐在绿船上。（谜底：荷花）

身穿绿衣裳，肚里水汪汪，生的子儿多，个个黑脸膛。（谜底：西瓜）

有个矮将军，身上挂满刀，刀鞘外长毛，里面藏宝宝。（谜底：大豆）

2. 关于日常事物的谜语

一个黑孩，从不开口，要是开口，掉出舌头。（谜底：瓜子）

驼背公公，力大无穷，爱驮什么车水马龙。（谜底：桥）

五个兄弟，住在一起，名字不同，高矮不齐。（谜底：手指）

独木造高楼，没瓦没砖头，人在水下走，水在人上流。（谜底：雨伞）

上不怕水，下不怕火，家家厨房，都有一个。（谜底：锅）

3. 关于动物的谜语

八只脚，抬面鼓，两把剪刀鼓前舞，生来横行又霸道，嘴里常把泡沫吐。（谜底：螃蟹）

四蹄飞奔鬃毛抖，拉车驮货多面手，农民夸它好伙伴，骑兵爱它如战友。（谜底：马）

头像绵羊颈似鹅，不是牛马不是骡，戈壁滩上万里行，能耐渴来能忍饿。（谜底：骆驼）

谜语以较为凝练的语言描述事物的性质，能够很好地引导成长中的儿童对周围事物进行深入的观察和思考。此外，在竞猜谜语的过程中，紧张激动的气氛令"90后"难以忘怀。

二、"90后"乡村儿童文艺生活的特点

（一）"90后"文艺生活的精神愉悦程度提高、教育作用明显

20世纪90年代，计划生育政策收紧。大部分"90后"乡村儿童成为独生子女，其同龄玩伴相对较少。且90年代农村劳动力大量输出，"90后"乡村儿童的童年得不到父母的陪伴，是动画片陪伴他们度过了一段孤独的时光，给了他们欢声笑语，给他们的生活增添了色彩。

动画片对"90后"乡村儿童有一定的启蒙教育作用。从内容上来看，90年代播放的动画片，尤其是国产动画片，自觉地把对儿童进行教育的任务放在第一位[1]，寓教育于游戏之中，对乡村儿童的教育效果较为明显。《三毛流浪记》《葫芦兄弟》《西游记》《阿凡提的故事》等都是"90后"乡村儿童喜闻乐见的动画片。这些动画片所反映的勇敢、正义等优秀品质，对"90后"具有深刻的教育意义。

乡村儿童能够利用的教育资源较少，动画片对他们起到了增长知识、提高修养、陶冶情操的作用。

"小时候，我们同学都爱看动画片，有的时候几个好朋友一起看，更有氛围。家长一般不允许随便看电视，做完作业后，我们才有机会看。所以，为了能多看电视，放学回家的首要任务是做作业。而且，如果考试成绩比较理想的话，向父母提出看电视的要求，父母一般都会很愉快地同意。"

（二）"90后"乡村儿童的文艺生活逐渐占主导，但乡村本土文艺生活减少

在"80后"乡村儿童的生活中，占主导地位的是传统民间游戏生活。在"90后"乡村儿童的生活中，占主导地位的则是文艺生活。这主

---

① 刘珊：《经济欠发达农村地区儿童阅读推广策略研究》，《高教学刊》2015年第16期，第39页。

要是因为电视媒介的兴起以及文艺节目的丰富多彩。

在"90后"乡村儿童的文艺生活以听音乐、看电视剧居多。游戏生活、民俗生活、休闲生活逐渐让位于文艺生活，而这些文艺生活除了视听节目之外，还包括"90后"乡村儿童参与的美术、音乐等艺术学习活动。

20世纪90年代后期，随着文艺节目逐渐世俗化，乡村儿童通过文艺生活接受传统文化教育的可能性逐渐减少。也就是这个时候起，乡村儿童的文艺生活逐渐与传统乡村文化渐行渐远。

第三节　"00后"乡村儿童的文艺生活

网络媒介"为艺术发展带来了前所未有的机遇"[1]，乡村儿童对于"高雅的""崇高的""完美的"戏剧和表演能够随时随地轻松获得。在这样的环境下，乡村儿童所欣赏、谈论的文艺内容和全球各地的其他儿童一样，逐渐趋同。网络世界丰富多彩的虚拟内容，充分满足了不同儿童的个性需求。乡村"00后"儿童逐渐拥有了自己的兴趣爱好，如绘画、唱歌、舞蹈等。新兴传播媒介的兴起一定程度上有益于乡村儿童精神成长，但是，部分内容粗俗，在本质上毫无内涵可言的作品也鱼龙混杂，充斥到乡村儿童的文艺生活中。同时，由于多彩的文化娱乐节目通过一键上网就能随意获得，乡村儿童越来越"宅"，很少亲近大自然。

一、网络环境下的"00后"乡村儿童的文艺生活

网络改变了乡村儿童的文艺生活方式，丰富了乡村儿童可视听的文艺生活内容，同时颠覆了传统文艺生活的审美情趣和文化传承的功能。

---

[1] 黄鸣奋：《互联网与艺术》，《学术月刊》2007年第6期，第113页。

（一）网络多媒体艺术生活盛行

随着改革开放的不断深入，农民的收入逐年增加，生活水平不断提高，文化消费观念亦在转变，简单的听广播、看电视已不能满足"00后"乡村儿童对于文艺生活的需求，其对多层次、多元化的文化渴望越来越迫切。网络村村通工程满足了"00后"乡村儿童的这种渴望和需求。网络的普及和多媒体技术的发展实现了乡村儿童对于文艺生活更高层次的需要。当他们能一键上网获取音乐、戏剧、电视剧、动画片等资源时，网络多媒体艺术便成了他们生活的必要内容。

网络多媒体艺术诞生于20世纪，是一种新型的艺术形式。它以计算机、数码技术、录像和胶片技术相结合完成艺术作品，它既是纯艺术的一种，也是电影、电视、广告和音乐画面的常用手段之一。网络多媒体艺术是以数码技术为基点，兼容摄影、录像、视频、声音、装置、互动等综合手段进行创作的"多媒体艺术"。这是艺术的革命，也是人类艺术生活的革命。当乡村实现了村村通网络后，网络多媒体艺术便深刻地改变了乡村儿童的艺术生活方式。

网络多媒体艺术促使"00后"乡村儿童的文艺生活近乎同一，致使他们接收着相同的主流内容。在"近期看的电视剧"的调查中，30位"00后"中90%的受访者看过《喜洋洋与灰太狼》这部动画片，80%的女生在追《太阳的后裔》这部偶像剧。各村的"00后"受访者，不约而同地都在看同一的网络艺术节目。这一现象必然利于同龄儿童之间的交流和分享，但是这也将导致儿童所接受的影响源的单一性，使得整个群体缺乏生命力。

网络多媒体艺术生活的魅力在于其对"00后"乡村儿童的吸引力超越了游戏。网络的无政府特征与青少年渴望从成人权威和规约中获得自由一拍即合，完全偏离了"游戏是儿童的天性"的说法。当越来越多的儿童沉溺于网络世界时，一定程度上会让教育者感到困惑，让家长感到迷茫，让社会觉得无奈，因为多方都认为网络并未使儿童的精神得到真正意义上的愉悦。

（二）"00后"乡村儿童的电子阅读生活

进入21世纪，越来越多的农村大学生在城镇立足，逐渐开始发挥个人价值。农村大学生是家庭的骄傲，也是同村人的榜样。当教育的投入开始得到回报时，农村家庭逐渐认识到，教育是改变下一代命运的最佳途径。受这种观念的影响，农村家长开始重视教育，重视孩子健康、科学的成长，对孩子的学习进行主动投入。在阅读方面，"00后"乡村儿童的文学阅读情况比"80后""90后"都有明显改善。30位"00后"受访者中，仅读过一本四大名著的占16.7%，读过两本的占73.3%，读过三本或四本的占10%；15位"00后"在读初中生受访者中，仅读过一本四大名著的占20%，读过2～3本的占80%；15位"00后"在读小学生受访者中，仅读过一本四大名著的占80%（了解原因得知老师布置了阅读《西游记》的任务），读过两本的占20%（除《西游记》之外还读了《三国演义》）。

1.阅读资源

在阅读资源方面，由于社会各界的关注，不少机构和社会公益人士为乡村捐资建设图书馆，乡村儿童的读物越来越丰富。

A村一位受访的村干部说："我们村是市教育局对口支援的村，教育局给村图书馆捐了5000册图书，全部是新书。"

C村一位"00后"受访者说："我们学校图书馆的藏书也非常多，每周三下午第一二节课是我们的阅读课，我们可以去图书馆里看书。"

2.阅读方式

互联网的普及使得人们的阅读方式从传统的纸质媒介向手机、平板电脑等移动终端过渡，这种新兴的阅读方式——网络阅读逐渐为人们所青睐。网络阅读也称网上阅读，专指网络文化语境中的阅读活动，即借助计算机、网络技术获取包括文本在内的多媒体合成信息和知识，完成意义构建的一种超文本阅读行为。网络阅读把信息和色彩、声音、图片等融合在一起，是"00后"儿童特有的阅读方式。《第十一次全国国民阅读调查》显示，2013 年我国成年国民的网络在线阅读、手机阅读和电子器阅读均有明显上升。网络阅读不仅影响着人们的价值取向，对儿童的成长和发展也起着不可忽视的作用。

"00后"乡村儿童阅读方式的变化，深受当前网络传播方式的影响。受访的"00后"乡村儿童也表示了自己对电子阅读方式的青睐，认为这样的方式既方便又省钱。新媒体在乡村儿童生活中所占地位越来越重要，传统的阅读模式正面临解体。

"00后"乡村儿童读书的客观条件在很多方面都得到了改善，但和城市儿童相比，他们还缺乏父母的陪伴和一个能循循善诱的"领读人"。

（三）歌谣、谚语等文艺生活①

"00后"乡村儿童所知的民间童谣非常少。他们所吟唱的儿歌多源于视听材料，即通过看电视、听音频习得。访谈中，问及"00后"小时候唱过什么儿歌时，他们的答案基本上相似。A村"00后"唱过的儿歌，B村、C村、D村"00后"都唱过，比较流行的主要是以下两首。

1.《门前大桥下游过一群鸭》

门前大桥下游过一群鸭，快来快来数一数，二四六七八。

嘎嘎嘎嘎真呀真多呀，数不清到底多少鸭，数不清到底多少鸭。赶鸭老爷爷胡子白花花，唱呀唱着家乡戏，还会说笑话。

小孩小孩快快上学校，别考个鸭蛋抱回家，别考个鸭蛋抱回家。

2.《小白兔》

小白兔，白又白，两只耳朵竖起来，爱吃萝卜爱吃菜，蹦蹦跳跳真

_____

① 本内容中的歌谣均为鲁南四村"00后"乡村儿童所提供。

可爱。小白兔，白又白，两只耳朵竖起来，爱吃萝卜爱吃菜，蹦蹦跳跳真可爱。

类似的童谣有很多，其主要特点是押韵、朗朗上口。但其对"00后"的影响仅止于通俗的吟唱，缺乏内涵和意义的理解。

另外，在访谈中，"00后"乡村儿童还介绍了一些谚语。有气象谚语，如桃花开，杏花败，李子开花燕飞来；蚂蚁搬家要下雨；等等。也有励志谚语，如真金不怕火炼；燕子衔泥垒大窝；笨人先起身，笨鸟早出来；等等。

总体而言，网络改变了"00后"乡村儿童的文艺生活方式，增强了"00后"乡村儿童文艺生活的丰富性和多样性，提高了他们的文艺生活质量。但精彩的多媒体艺术过多地吸引了儿童的眼球，使得乡村儿童对来自生活的本土艺术和草根文化越来越不感兴趣。儿童对流行艺术的追捧阻碍了乡村传统文艺的传承。

二、"00后"乡村儿童文艺生活的特点

"00后"乡村儿童虽然生长在农村但几乎不干农活。在受访谈的30位"00后"中，没有一位下地干过农活。他们对来自乡土生活的乡村文艺一无所知。概言之，"00后"乡村儿童的艺术生活状况与"80后""90后"之间的差异主要表现在艺术内容渐趋世俗化、艺术生活方式的同一化。

（一）艺术内容渐趋世俗化

科技的发展，为人类精神生活内容的丰富带来极大的可能性。随之而来的是思想的爆发、商业的发展，同时带来影视艺术的逐渐世俗化。

2000年后，虽然由农民自发组织并直接参与的文艺宣传队在农村重新活跃起来，但是并没有能吸引"00后"乡村儿童的注意，激发他们的兴趣，原因主要有三个：节目内容缺乏趣味性；干说干唱，缺乏艺术

性；道德说教成分太多，缺乏生动性。

（二）艺术生活方式的同一化

"在数字化世界里，距离的意义越来越小。事实上，互联网络的使用者完全忘记了距离这回事。"[①] "00后"乡村儿童所能看到的文艺节目几乎和世界上任何一个有互联网的角落都一样。艺术与数字媒介的结合，使得艺术可以在全世界得以传播。而且，儿童在感受、欣赏艺术的过程中，可以直接通过网络发表观后感，在线与网友交流艺术体悟。

同一的艺术生活方式和内容使得乡村儿童的艺术生活失去了特色。也进入多媒体艺术形态的社会，艺术不再仅仅是一种"美的精神"，更是娱乐、消遣。这种艺术形态本身的颠覆，必将导致儿童艺术生活的泛化与开放。若问"00后"乡村儿童什么是美，他们恐也只剩下一种标准了。

第四节　乡村儿童文艺生活变迁透视

进入21世纪，我国乡村已经解决了温饱问题，不少乡村家庭开始走上致富的道路。物质生活得到满足后，精神生活的追求必然会相应提高。这种提高不仅反映在文化、道德方面，也体现在娱乐生活方面。

一个时代有一个时代的艺术样式。乡村传统的文艺生活范式对乡村儿童来说起到一种精神熏陶和价值宣传的作用，现代文艺生活范式对乡村儿童生活则是一种补充。总体而言，不同的年代，文艺生活本身在丰富乡村儿童精神生活方面都起到了非常重要的作用。但是，30年的变迁不仅仅是文艺生活内容和方式本身的变迁，更透露出生活在其中的乡村儿童精神生活的变迁。

---

① ［美］尼古拉·尼葛洛庞帝：《数字化生存》，胡泳、范海燕译，海南出版社1997年版，第208页。

"80后"乡村儿童在单一的乡村文艺中感受到了精神的满足。艺术形式的单一不一定会导致精神的贫乏，关键在于生活本身。"90后"乡村儿童在传统文艺生活的落寞中，因为未能及时形成一种积极的更好的现代文艺生活，所以其文艺生活需求难以得到真正的满足。"00后"乡村儿童的娱乐生活方式与"80后"乡村儿童和"90后"乡村儿童有本质的区别，他们受本土文艺影响较少，受公共的普遍性的文艺影响较多。"00后"乡村儿童在网络媒体多样化的艺术形式中，常常会因为选择什么、学什么而感到无所适从。

在精神生活的世界中，常常会遇到矛盾。儿童精神的潜在挖掘抑或是未来开发，都应该基于"越简单越美好"的基本原则。

访谈故事13（来自C村一位"90后"受访者）：

> 小孩子们不看小人书，热衷于动画片；大人们农闲时除了聚在一起打麻将，便是看冗长的电视剧；偶尔会有戏班子唱戏和露天电影，但观众是稀拉拉的，绝没有那时人山人海的壮观场面；过年也有舞狮子的，只是一个人举着狮头象征性地舞几下，为的是要钱，变相的乞讨，丝毫没有过去乡村舞狮的喝彩和精彩。过去的文艺很少，但很热闹；如今的文艺很丰富，但很冷清。对乡村来说，不知是好，还是坏。

"90后"乡村儿童处于乡村文艺生活的转型期。由于缺乏正确的引导和可以补充进来的新鲜元素，"90后"乡村儿童的内心产生了不安。当乡村文艺宣传队由于各种原因被迫解散后，"90后"乡村儿童便没有其他渠道可以了解传统的乡村民间文艺，他们精神生活的世界里能够依赖的就只有电视了。

"00后"乡村儿童较"90后"乡村儿童而言，更为幸运。因为，"90后"乡村儿童只能看电视中事先安排好的节目，一旦所有的电视台都没有播放"90后"乡村儿童喜欢的节目时，他们会陷入空虚和无聊，无所适从。而网络则给了"00后"乡村儿童更宽阔的选择空间和更多的选项。随着媒介艺术的介入，乡村儿童能接触到的文艺生活形式越来越多样化。但是，"00后"乡村儿童的文艺生活在内容上往往缺乏思想性，这与丰富多样的文艺生活形式形成了另一种反差。充斥眼球的随处可见的文艺内容，不一定能给"00后"乡村儿童的精神成长增添一份有价值的养料。

在乡村文艺生活变迁中，也许有一些是不确定的，但终究也有了一些确定的结论。首先，"80后"乡村儿童在简单、单一的乡村文艺生活中获得了精神上的满足；其次，"00后"乡村儿童相对丰富的文艺生活内容并未真正换来精神上的快乐；最后，乡村文艺的衰落，不可避免地会导致乡村儿童精神生活的贫乏，网络的普及和绝对的优势致使当下乡村儿童的休闲娱乐时间逐渐被侵占，双手被捆绑，从而无暇参加户外娱乐活动。

第五章　乡村儿童闲暇生活的三十年变迁

闲暇是人类基本的生存和活动方式，亦是儿童天性得到发展、权利得以实现的基本保障。梁实秋说过"闲暇处才是生活"。儿童的闲暇生活对促进儿童的精神成长具有重要意义。联合国《儿童权利公约》第31条明确规定"缔约国确认儿童有权休息和闲暇，从事与儿童年龄相宜的游戏与娱乐活动，以及自由参加文化生活和艺术活动"。据此，儿童不仅有发展权、受教育权，而且还享有闲暇的权利。本章所探讨的乡村儿童闲暇生活包括除所有学习、睡眠、吃饭以外可自由支配的时间内的阅读、游戏、娱乐等生活。通过审视儿童在闲暇时间内的存在，揭示"80后""90后""00后"乡村儿童闲暇生活的状况，从而进一步了解乡村社会变迁过程中他们的精神成长现实。

第一节　"80后"乡村儿童闲暇生活不"闲"

20世纪80年代，鲁南地区乡村村民的生产活动主要以农作物种植为主。日出而作，日落而息，村民的生产生活节奏较慢，村民的闲暇时间充足，他们过着悠然自得的生活。"80后"乡村儿童的闲暇生活深受村民的影响，与成人息息相关。

一、"80后"乡村儿童闲暇生活的基本内容

受访的"80后"乡村儿童表示，他们的闲暇生活特色主要体现在夏夜的纳凉、节假日的串门、放学归途中的嬉戏、课间短暂的放松以及农忙假的田间穿梭。田间村头，处处都活跃着他们的身影，凸显了"80后"乡村儿童无忧无虑、天真烂漫的良好精神状态。

（一）夏夜纳凉

夏日炎炎，清晨和傍晚比较凉快时，大人们抓紧时间干农活；炎热的中午和夜幕降临后的黑夜时间是全村人共同的闲暇时间。尤其是夏夜时分，炎热尚未退去，人们难以入睡，于是妇女、老人、儿童就来到室外纳凉。铺一块大凉席，一家人有的坐有的躺，享受着亲人的团聚和夏夜的静谧。

访谈故事14（来自D村一位受访者）：

夏夜纳凉最有趣的事情是和邻近的几个小伙伴聚到一起听大人给我们讲故事。有时候讲他们经历过的真实的故事，有时候讲神仙鬼怪，还有时候讲大自然……

即使没有故事，大家在一起，望着星空，听大人们聊家长里短的故事，也很惬意、温馨。现在不同了，家庭全体成员在一起闲聊的时光越来越少。即使大家都有时间，也是各做各的事。吹着空调，看看电视，玩玩手机，是现代人所认为的舒适生活。

C村一位受访者说："夏天的晚上，我们几个要好的小伙伴经常会约到一起看电视或捉萤火虫。夏天天气热，有电视的人家都把电视搬到院子里。临近几户的大人、孩子都会凑过去一起看。大人们聊聊家长里短的事情，孩子们在一起看电视、讲故事。要是遇上有萤火虫飞来了，我们就去追萤火虫。我喜欢把捉来的萤火虫放到一个小塑料瓶里，睡觉时放到蚊帐中。"

夏天的夜晚虽然炎热难耐，但集体的纳凉生活却为"80后"乡村儿童提供了非常好的休闲机会，为他们的童年生活增加了趣味。

（二）节假日串门

串门是中华民族的优秀传统，既是大人之间加强联系增进感情的方式，也是儿童非常喜欢的活动之一。20世纪80年代，在乡村，逢年过节或周末时间，家长带着孩子走亲访友、串门是很习以为常的事情。平日里，关系好的儿童之间也会相互串门。

A村一位受访者说："小时候，一到周末或者节日，妈妈就会带我去姥姥家串门。我家和姥姥家虽然只是一河之隔，却是两个不同的村庄，有着不同的习俗。我和表哥、表妹们玩的游戏不一样，学习的内容也不一样，在一起我们可以相互交流，玩得更开心。"

B村一位受访者说："小时候，我们家非常穷，经常一个星期也吃不上一次肉。我姨妈家过得还算富裕，周末和假期妈妈常带我去姨妈家玩，也能改善一下伙食。每次去姨妈家串门，妈妈都会为我精心打扮一番。串门走亲戚，有好吃的，还有好玩的，还能穿漂亮衣服，我觉得非常开心。"

A村一位受访者介绍说："大年初一，家里一般只需有人坐镇就行，其他人都会出去串门，给长辈、邻居、朋友拜年送祝福。串门也是有顺序的，先去最长的长辈家。无论是过年的拜年还是日常的串门，在出门之前，父母都会给自己好好打扮一下，非常注重衣着仪表。另外，就是准备礼物。当然，礼轻情意重嘛，情义到了、人到了才是最重要的。在农村，有人要请客，如果你推三阻四不去的话，主人反而会不开心。"

（三）放学归途中的嬉戏

"80后"乡村儿童就读的小学大多在村内，离家非常近，一般步行即可到达。放学后，住得近的同学三五成群，结伴回家。放学归途中，"80后"乡村儿童的嬉戏成为他们休闲时间的一道亮丽风景。

A村一位受访者说："放学回家的路上，大家嬉戏着、打闹着，一会儿就到家了。总感觉回家的路程太短了。"

B村一位受访者说："记忆中，在放学回家的路上，发生过很多趣事，如追赶蝴蝶、吹柳哨、戳蚂蚁洞等。"

（四）课间十分钟的放松

"80后"乡村儿童的课间十分钟也不"闲"着，常常是"忙碌"到上课铃声敲响了才冲进教室。

C村一位受访者说："我记得上小学期间，我班同学分了好多个课间游戏小组。下课后，大家就按小组活动，有的跳绳，有的踢毽子，有的跳皮筋……课间的校园一下子就变得热闹起来，生机勃勃。"

B村一位受访者回忆说："北方的冬天非常寒冷。教室里有暖气，室外比较冷。但这也不影响我们室外活动的热情。课间，我们跑出教室，在教室走廊前的墙根里'挤油'。活动一阵之后，浑身热乎乎的。"

D村一位受访者说："虽然课间只有十分钟，但是我们还是能充分利用起来，缓解了课堂上紧张的学习气氛，能让我们更加健康成长。"

（五）农忙时的田间穿梭

农忙指的是农事繁忙的时节（五六月份和十月份）。在20世纪80年代的农村，夏秋农忙时中小学都会放一周的麦假和秋假。"80后"乡村儿童在农忙时也非常忙碌，稍微大一点的女孩会在家做饭、洗衣，稍微大一点的男童会到地里帮大人干活，小一点的孩子会在地里捡土豆、玉米棒子，等等。

B村一位受访者说："农忙时，村里大人、儿童都很忙碌。如抢收麦子的季节里，每个人都行色匆匆，走路都是跑着的。如果遇到要下雨的天气，家家户户更是连饭也顾不上吃。农忙季节适合儿童干的活儿有：捡麦穗、推车子、端水送饭……稍微大一些的儿童还能割麦子。总之，儿童似乎扮演的是哪里需要帮手就去哪里的角色。"

C村一位受访者说："我们这里收完麦子就是种玉米，收完玉米又要种麦子，夏秋两季收获和播种的季节几乎没有人闲着。小孩子有任务的时候就干活，没有任务的时候就在一块儿玩耍、捉迷藏……"

闲暇时间里，"80后"乡村儿童活跃在乡村的各个角落。他们积极地面对生活，从事着各种各样的劳动、娱乐和游戏活动。真可谓充实而快乐、纯真而上进。

二、透视："80后"乡村儿童的闲暇生活不"闲"

"80后"乡村儿童的访谈材料显示，他们的闲暇生活不"闲"，过得非常充实。充足的闲暇时间和充实的闲暇生活帮助"80后"乡村儿童度过了有意义的童年生活。

（一）闲暇处彰显儿童的天性。

20世纪80年代的乡村，处处活跃着"80后"乡村儿童的身影。他们或奔跑，或嬉戏，或追逐，将儿童本真的自我表现得淋漓尽致。当闲暇中的儿童能活出儿童本真的自我时，他们的闲暇生活质量才得到了保障。

"80后"乡村儿童的闲暇活动内容丰富多彩，占主导地位的是一般消遣性的活动，其中以游戏为主。游戏是儿童的天性。"80后"乡村儿童充足的闲暇时间使得游戏活动得以开展。游戏是一种自然的、儿童感兴趣的、活泼的活动，所以儿童在游戏中能放松身心、锻炼身体、开发智力，对儿童的全面发展有重要意义。在游戏中儿童也能学习诚实、相互合作的品德，因此游戏还可以培养儿童的高尚道德。闲暇生活中的游戏状态充分体现了"80后"乡村儿童健康的精神风貌。

（二）闲暇中发现自我

"80后"乡村儿童喜欢玩、会玩，而且他们的玩耍得到了成人的大力支持。四村五位老村干部、老村民的访谈材料显示："80后"给他们的印象是调皮、捣蛋、聪明、会玩。这些特征本就应该属于儿童。但当将"80后"乡村儿童与"90后""00后"乡村儿童的闲暇生活进行比较时才发现，他们的精神世界才显得更纯真更自然更可贵。

闲暇时间保障了"80后"乡村儿童游戏天性得以充分发展。在闲暇生活中，"80后"乡村儿童有机会更好地认识和发现自我。"人是符号的动物"人的行为既是自主的，又是角色的。只有在把"我"这个符号与它的本体、与他人和社会联系起来，"我"才能发现一个真实的自己，形成正确的自我认知。在"80后"乡村儿童的闲暇生活中，处处充满着"80后"乡村儿童之间以及与成人之间的欢乐共处。他们通过与成人、与同伴的交往、联系获得了充分认识自我的机会。也就是说，充实的闲暇生活对于"80后"乡村儿童发现自我有巨大作用。

总之，"80后"乡村儿童"忙碌""紧凑"的闲暇生活，充分体现了其良好的精神生活状态。闲暇时间的充分利用促进了"80后"乡村儿童的精神成长。虽然，作为儿童，他们还没有闲暇意识，也不懂得科学、主动地管理闲暇时间，但是在家长的潜移默化和积极鼓励下，他们把闲暇生活过得非常健康、快乐和充实。这是值得肯定和学习的。

第二节 "90后"乡村儿童闲暇生活常"闲"

20世纪90年代，农民工流动量越来越大，乡村外出务工者越来越多。能够留在家中陪伴"90后"乡村儿童共度闲暇时光的父母越来越少。缺乏成人的陪伴，"90后"乡村儿童的闲暇时间虽然比较充足，但闲暇生活并不充实，质量也不高。"社会越是向前发展，人们所拥有的闲暇时间就越多，人们的闲暇生活方式就越丰富，人的自由发展水平就越高。"[1]经考

---

[1] 王雅林：《生活方式概论》，黑龙江人民出版社1989年版，第469页。

察，整体而言，"90后"乡村儿童的闲暇生活缺乏正确的导向、缺乏完善的公共场所、缺乏有效的组织。

一、"90后"乡村儿童闲暇生活概况

（一）闲暇时间依然充足

20世纪90年代，由于父母外出务工，家中农田被承包给其他人，"90后"乡村儿童无需再参加农田劳作。除了上学、做作业之外，"90后"乡村儿童可以拥有更多闲暇时间自由支配。

A村一位受访者说："回想童年时光，真的很美好。无忧无虑，自由自在的。我小的时候，父母都外出打工了，家里的经济条件还可以。我和爷爷奶奶一起生活。除了上学，回家后做作业，其他的时间常常不知道该干什么。"

C村一位受访者说："我小时候，爸爸是木工，在镇上打工挣钱；母亲在家照顾我和妹妹，抓我们的学习。说实话，小时候我的学习成绩在村里是数一数二的。虽然现在大学毕业，工作条件和收入都比同龄孩子好，但我童年时期没玩儿够，有遗憾。"

D村一位受访者说："小时候我就是大哥大姐的小跟班。我学习成绩不好，父母管得也很宽松，所以，我有大量的时间可以'作'。家里的新鲜玩意儿都被我拆过了，全村人都知道我调皮捣蛋。我现在开了个修理厂，我觉得我现在这种不怕苦、不怕累和敢闯敢干的品质是从小养成的。"

（二）闲暇生活内容单调

"90后"乡村儿童闲暇时间的主要生活内容就是看电视，户外活动尤其是游戏活动量大幅降低。

B村一位受访者的奶奶说："孩子小的时候，他爸妈出去打工，我就负责照看他。星期六、星期天不上学了，他说作业做完了，就开始看电

视。看电视的时候可专心了，我常常说，要是学习也这么专心就好了。而且经常一看就是一个下午。"

C村一位受访者说："我小时候也爱看电视。学习成绩不好，却落了个近视眼。现在想想，那么多好玩的游戏，为什么不在户外玩儿呢？其实，像哥哥姐姐们玩的那些游戏，我们这一代人也会玩，只是小伙伴们凑不到一起，有些家长不让孩子出来玩。"

除了看电视，"90后"乡村儿童的闲暇生活中还有读书、下棋等文化活动形式。20世纪90年代，乡村儿童的阅读材料越来越多，也越来越容易获得。虽然乡村教师及家长对于儿童的教育越来越重视，积极鼓励儿童多读书，但受应试教育的影响，"90后"乡村儿童的阅读习惯仍处于培养之中，有较好阅读习惯的儿童占少数。

（三）闲暇生活缺乏引领，处于放任状态

"90后"乡村儿童的闲暇生活基本是处于无人问津的状态，父母都外出打工的家庭尤为明显。在"90后"乡村儿童的闲暇生活中，既丢失了传统乡村儿童有趣的游戏、嬉闹和传统的串门、田间劳作，也没有形成一种更好的闲暇生活兴趣和指向。

A村一位受访者说："从我上小学，父母就在镇上干活。父母只关心我在学校里的表现，有没有打架或者违反校规等，还有就是每天的作业完成情况。其他时间基本是我自己想干什么就干什么。他们不管我，也没有时间管我。"

D村一位受访者说："小时候，由于父母外出打工，自己比较自由，但是常常觉得无所事事。在没有规划的情况下，闲暇时间没有得到很好的利用。现在常悔恨，没有好好珍惜童年时光。"

二、透视："90后"乡村儿童闲暇生活常"闲"

闲暇时间，有的人用它来发展自己，也有的人把它用来挥霍浪费。

访谈结果显示，"90后"乡村儿童对于自身的闲暇生活并不满意，其中90%的受访者认为自己的闲暇生活比较"无聊"。透视"90后"乡村儿童的闲暇生活，分析他们"无聊感"产生的原因，大致有以下三方面原因。

（一）缺乏正确的导向

闲暇时间充足，是乡村社会发展和乡村生活质量提高的表现。"90后"乡村儿童的闲暇时间虽然较为充足，但是他们对于闲暇时间的处理大都处于自发、自在的状态，对于如何用好闲暇时间缺乏应有的指导。如果不能很好地利用闲暇时间，过一种高质量的闲暇生活，那么，个体的精神需求就得不到满足，"无聊感"必然涌上心头。20世纪90年代，家长、学校缺乏对"90后"乡村儿童合理安排闲暇时间和规划闲暇生活的指导。

如：如何正确对待看电视的问题。电视机为"90后"乡村儿童的闲暇生活带来了新鲜元素。大多数的"90后"乡村儿童会在闲暇时间里选择看电视来打发时间。看电视，尤其是看新闻、科普类的节目，大大扩充了"90后"乡村儿童的知识面。但是，长期看电视，会使个体的阅读、人际交往等能力下降，甚至减少了人对于生活的热情。所以，对于部分长期被电视主宰的"90后"乡村儿童来说，感觉闲暇生活无聊是正常的。

（二）缺乏完善的休闲场所

高质量的闲暇生活方式需要以一定的物质为基础。20世纪90年代，乡村民间游戏开始衰落，乡村民俗逐渐淡化，乡村文艺宣传队也开始解散。此时的新农村建设刚刚起步，乡村的文化基础设施还不完善，成人、儿童无处可休闲，自然也就不可能提高闲暇生活的质量了。当旧的闲暇生活方式被摒弃，新的闲暇生活还未建立之时，"90后"乡村儿童明显出现了"无聊""不知所措""无所事事"等精神成长中的问题。

受访的鲁南四村虽然都拥有一个露天的小型的文化娱乐场所（A村

设置了一个篮球场；B村设置了小型器械；C村设置了两个乒乓球台；D村设置了小型器械），但是，利用率极低。主要原因在于，这些设施不能满足村民、儿童的需要。

（三）缺乏有效的组织

选择何种方式度过闲暇时间，其实是在回答"我将如何生活"这一问题。儿童对于闲暇时间的处理方式往往受成人的影响。也就是说，他们本身对于闲暇及闲暇生活是一种自在的状态，没有能力过一种高质量的闲暇生活。因此，有必要建立一种符合现实需要的闲暇教育体系，为乡村儿童开展闲暇教育的相关课程。可是，"90后"乡村儿童的父母外出打工，不可能对他们的闲暇生活进行照顾和安排。闲暇教育的重任就寄托在乡村学校教育上。而以应试、升学为目的的乡村教育更是无暇顾及"90后"乡村儿童的闲暇时光。有些学校甚至将课程表上的体育、美术、音乐课程都改为了语文、数学等考试课程。这大大降低了"90后"乡村儿童本身对于闲暇生活的渴望，最终由于缺乏有效的组织沦为一段充满无聊感的童年回忆。

第三节 "00后"乡村儿童闲暇生活的透视

"00后"乡村儿童的闲暇时间较为匮乏，休闲生活的内容也有了较大变化。透视"00后"乡村儿童休闲生活的现状，可以发现"00后"乡村儿童的闲暇生活中，兴趣指向单一、活动匮乏。同时，由于闲暇生活方式的独特性，"00后"乡村儿童中逐渐形成一个特殊的群体："宅"一族。

一、"00后"乡村儿童闲暇生活的嬗变

（一）闲暇时间客观上增多

1999年6月，中共中央、国务院《关于深化教育改革全面推进素质

教育的决定》中指出："减轻中小学生课业负担已成为推行素质教育中刻不容缓的问题。要切实认真加以解决。"21世纪初，各地素质教育开展得轰轰烈烈，乡村学校的课程表上也增加了各种兴趣活动课程，客观上"00后"乡村儿童的闲暇时间确实增加了。

A村一位受访者说："学校现在开设了很多兴趣活动课程，有手工、美术、象棋等。活动课时间，每个同学都需要到自己的兴趣小组参加活动。"

A村另一位高年级的受访者补充说："我们学校很多兴趣活动课程经常不开。体育课偶尔上，上的话也就是让我们自己玩儿。"

（二）闲暇生活内容

由电视到手机，"80后""90后""00后"三代乡村儿童的闲暇时间越来越受"约束"。根据30位受访者的自述，他们的闲暇生活中，排名前三的生活内容分别是看电影、上网和读课外书（见表4）。

表4　　"00后" 乡村儿童的休闲偏好情况（最多选5项）

单位：人，%

闲暇时间最想干什么？	回答人数	应答比例
看电影	28	93.3
上网	26	86.7
看课外书	20	66.7
看电视	15	50
玩耍	15	50
运动	14	46.7
听音乐	12	40
与朋友聊天	12	40
复习功课	10	33.3
做家务	5	16.7

上述调研结果至少反映了"00后"乡村儿童的闲暇生活内容表现为以下三方面特点：

1.闲暇生活倾向于"宅"

当前儿童过于依赖网络，成为"宅"在家的一代。由于，精彩的文化娱乐节目通过一键上网就能随意获得，乡村儿童越来越"宅"。"宅"一代，不喜欢与人交往，不愿意了解外部世界。"宅"已经成为当前乡村儿童普遍存在的一种现象。

21世纪，乡村家家通电话，村村通宽带，信息进万家。"00后"乡村儿童享受到了网络的便利，同时使得他们足不出户就能了解海量信息。物质生活的脱贫使得乡村儿童有条件和城市儿童一样，"宅"在家里就能打发闲暇时间，网络成为"00后"精神生活的最主要途径。

2.闲暇活动方式偏于"静"

在"00后"乡村儿童的休闲偏好中，排在前五位仅一项"玩耍"是动的项目，其他的都是静的项目。看电影、看电视只要把握好"度"，并选择好观看的内容，都不会损害儿童的智力和社会性发展。由于此类活动需要静坐，如果不注意的话，可能会是长时间的静坐，与积极主动的身体活动相比，显然会对儿童的健康造成不利影响。

30位受访者中，只有14人选择了"运动"。在这14人当中，有9位是在读小学生，他们主要是跟着父母去跳广场舞或者遛弯；其他5位是在读中学生，他们主要是打篮球、羽毛球等。纵观整体情况，"00后"乡村儿童的运动量与国家规定的标准相比明显不足。

3.闲暇活动指向单一

闲暇生活随着闲暇时间的增多为"00后"乡村儿童个性的全面自由发展提供了条件。但由于有意义的闲暇活动的匮乏，"00后"乡村儿童的闲暇生活质量并未得到保障。以假期为例，受访者的闲暇生活表明"00后"乡村儿童，关于玩什么、怎么玩的问题并没有很好的思考，闲暇活动的指向较为单一。

A村一位受访者说："我不喜欢放假在家。经常假期刚刚开始就想结束。因为，假期里除了自己在家里看电视、玩手机，就没有什么有意义的事情可以做了。如果在学校，还能和同学一起打打闹闹，追着跑，做游戏。"

B村一位受访者说："假期就是玩儿。暑假作业一般总要等到假期快结束了才会去做。"

C村一位受访者说："假期里，我们同学一般都会去镇上的培训学校上半天的补习班，有的补语文，有的补数学。玩耍的时间很少。"

D村一位受访者说："我父母都在城里打工，放假了我必须先完成暑假作业。然后，妈妈会回家接我去城里。在城里过段时间，再回家来。在家一般没有什么事情做，村里的孩子基本上和我一样，会被家长接到城里和父母住。"

二、透视："00后"乡村儿童闲暇生活的回归策略

对于客观上增多的闲暇时间，"00后"乡村儿童的闲暇生活质量却未得到相应的提高。主要原因是，在各种看似合理的现象、理由的遮蔽下，"00后"乡村儿童的闲暇生活已经无处可寻。

有效利用闲暇时间、丰富闲暇生活内容是有效提高闲暇生活质量的两个基本环节。由于导致"00后"乡村儿童闲暇生活嬗变的"罪魁祸首"是网络，针对这种情况，提出以下三条帮助"00后"乡村儿童回归有意义的闲暇生活的基本途径。

1.加强体育锻炼

丰富闲暇生活应从倡导身体的活动开始。在新的时代背景下，运动也正在朝着生活化和休闲化的方向发展，应去除"体质""健康"等功利目的，倡导自由、放松的休闲运动体验，这样才能让儿童对某一项或某

几项体育活动产生兴趣，并积极自主地参与到体育活动中去。

2.培养"00后"乡村儿童的"玩耍精神"

"玩耍精神"是全美顶级心理学家彼得·格雷用其毕生的教育实践做出的精华总结。其本质就是：远离成人，与其他孩子玩耍，孩子们才能学会自己做决定，控制自己的情绪和冲动，从他人的角度看问题，与他人交涉差异，结交朋友。当下，数字媒体充斥着"00后"乡村儿童的眼球。对他们而言，尤其需要重拾"玩耍精神"，顺应玩的天性，在玩的世界中畅游，享受自由愉悦的休闲之境。闲暇时间是用来玩耍的，玩耍才是对儿童发展最具支持意义的活动。因为玩耍是孩子们学会掌控自己、学习独立生活的有效途径；玩耍可以进一步促进儿童健康发展、提高儿童的交往能力。

3.引导"00后"乡村儿童科学上网

网络对"00后"乡村儿童来说是一把双刃剑。针对"00后"乡村儿童将大量休闲时间用来上网可能会导致的弊端，应该对"00后"乡村儿童进行正确引导。作为一种学习工具，网络为"00后"乡村儿童提供了查阅资料、丰富知识的便捷渠道；作为一种娱乐工具，网络给"00后"乡村儿童提供了丰富多彩的娱乐节目，增加了生活情趣……对于"00后"乡村儿童来说，网络的新鲜性、丰富性等优势都会对他们产生不可估量的影响。由于儿童的自制力弱，且他们正处于人生观、价值观、道德观的形成阶段，好奇心、逆反心理较强，因此有沉迷网络的危险，容易出现道德行为偏差。因此，引导"00后"乡村儿童在闲暇时间科学、合理地上网学习、娱乐才是有效利用网络、过好闲暇生活的重要保障。

第四节　乡村儿童闲暇生活变迁透视

"闲暇处才是生活。"梁实秋所言闲暇，不是饱食终日无所用心之谓，而是免于蚂蚁、蜜蜂般的工作之谓。他认为，当前大多数的人是蚂蚁、蜜蜂，而只有少数的人才是人。儿童不应该过像成人一样为了生计而疲于奔波的生活，而应该拥有属于自己的闲暇生活，在闲暇生活中见其童心、童趣。闲暇对于儿童的精神成长至关重要。

一、乡村儿童闲暇生活三十年变迁的特点

纵观改革开放以来的三十年，"80后""90后""00后"乡村儿童的闲暇生活发生了很大变化。"80后"乡村儿童的闲暇时间非常充足，闲暇生活处于一种自然的游戏状态，充满着自由和快乐。"90后"乡村儿童的闲暇时间虽然也很充足，但由于他们对闲暇生活的要求提高而质量却得不到满足，大量的闲暇时间常用于沉溺电视，所以常常觉得闲暇太闲。"无聊"是"90后"乡村儿童闲暇生活的真实写照。2000年后，基础教育实施减负以后，"00后"乡村儿童的闲暇时间客观上增多了，但由于电视、网络和智能手机在农村逐渐普及，他们常被电子产品和网络所绑架，闲暇生活与"80后""90后"乡村儿童相比有了质的变化。

（一）闲暇生活方式由动到静

三十年来，乡村儿童闲暇生活方式发生了由动到静的明显变化。动态的闲暇生活表现为儿童的手、脑、脚等都动起来，充满着主动探索和创造；静态的闲暇生活则主要表现为身体的静和被动地接受信息和商业化的娱乐节目。

访谈资料显示：乡村儿童最喜欢做的闲暇活动已经从游戏、运动、劳动转变为看电视、看电影、听音乐和上网。20世纪80年代，闲暇生活的工具、媒介较少，所以，乡村儿童的闲暇生活主要体现为动态的"人——人"方式。随着乡村社会的现代化发展，闲暇生活的工具和媒介逐渐增多，乡村儿童的"人——人"式的动态的闲暇生活方式逐渐演变为一种"人——机器"式的静态的闲暇生活方式。由动到静，不仅仅反

映了乡村儿童闲暇生活的变迁特点，更反映了现代儿童生活价值取向的变化。

（二）闲暇生活内容由多样到单一

三十年来，乡村儿童闲暇生活中的活动内容发生由多样到单一的变化。基于闲暇主体所从事活动形式不同，闲暇活动可以被划分为多种不同的类型。其中，最基本的分类方式是马克思所提出来的关于人的闲暇活动分为消遣娱乐性活动和提高性活动的分类。

"80后"乡村儿童的闲暇活动既有消遣娱乐性活动，也有提高性活动，而且消遣娱乐性活动较为朴实和自然，提高性活动主要用于在经验、实践中能力的提高；"90后"乡村儿童的闲暇活动逐渐转变为以消遣娱乐性活动为主，手工操作和农业劳动的内容逐渐减少；"00后"乡村儿童的闲暇活动则以娱乐活动和以间接知识的增长为主的提高性活动，其中娱乐活动属于一般性的消遣型活动。由此可见，"80后"乡村儿童的闲暇活动不以某一种单一的媒介或方式为限制，在成人的全力支持、充足的时间和空间的保障下，他们的闲暇生活过得丰富多彩，个性和创造性得到充分发挥。"00后"乡村儿童的闲暇活动则由于媒介、工具的限制，闲暇时间被绑架，个体的精神自由发展也受到了抑制。

（三）闲暇生活形式由以集体为主到以个体为主

三十年来，乡村儿童的闲暇生活已由以集体为主的形式转变为以个体为主的形式。20世纪80年代的夏夜纳凉、节日串门等集体度过闲暇时间的形式现已难觅踪影。取而代之的是人人习以为常地通过玩手机、看电脑打发碎片化的闲暇时间。人与人之间，很难静下心来谈一谈话、聊一聊问题或者关心一下对方。现代社会，成人的闲暇生活是这样，儿童的闲暇生活也是如此。因为，彼此之间没有共同的话题，没有一致的闲暇时间……所以，集体地过闲暇生活的可能性已经不存在。"00后"乡村儿童慢慢地就适应了一种"宅"生活方式。闲暇时间被封闭起来，个体闲暇生活的质量也受到了极大的挑战。

二、乡村儿童闲暇生活变迁的启示

闲暇是从无休止的劳作中摆脱出来随心所欲，以欣然之态做心爱之事于各种社会境遇随遇而安独立于自然以及他人的束缚，以优雅的姿态，自由自在地生存的状态。闲暇，是人类对生活的永恒梦想。乡村儿童闲暇生活的三十年变迁情况要求我们必须帮助乡村儿童充实闲暇生活的内容，丰富闲暇生活的形式，提高闲暇生活质量。

（1）乡村儿童休闲权利的实现需要乡村社会良好的物质条件和精神条件作为保障。积极开发公共资源，为儿童休闲创造条件。随着乡村社会现代化的发展，人民的物质生活越来越好，精神需要也越来越高，因此，他们更需要高质量的闲暇生活。为避免乡村儿童除了在家看电视之外没地可去的局面持续下去，乡村需尽快建设良好的闲暇生活所必需的基础设施。

（2）为乡村儿童的闲暇生活创造良好的文化环境。在社会主义社会，一种理想的状态是每个人都有充分的闲暇时间从历史遗留下来的文化——科学、艺术，交际方式等——中间承受一切真正有价值的东西。在乡村儿童的闲暇生活中，除了游戏、玩伴之外，还需要有图书、报刊等文化的承载物。

（3）发挥乡村儿童闲暇生活中的创造性。古今中外，科学利用闲暇时间为国家和社会做出重大贡献者众多。哥白尼、牛顿等著名科学家的重要成就都是利用闲暇时间苦心钻研获得的。目前，乡村儿童的闲暇生活主要是娱乐，而创造性的活动偏少。儿童的闲暇时间应是儿童从事智力活动的时间。闲暇中从事的活动越有挑战性，闲暇生活才会越丰富而有意义。为进一步提高乡村儿童的闲暇生活质量，教师、家长应引导孩子多去做一些有挑战的活动。例如，可以布置一项开放性的任务，让儿童想方设法地完成。

（4）加强对闲暇时间管理能力的指导。少年儿童从小学会合理规划闲暇时间有助于养成良好的生活习惯。当代少年儿童的闲暇生活无论在时间上、内容上还是质量上，都有很大欠缺。因此，应给儿童真正的自由，让他们拥有真正的休闲自主权。同时，还要对少年儿童及其父母加强闲暇生活指导，为少年儿童提供更宽松的环境和必要的物质条件，为他们的闲暇生活提供更丰富的内容，更多样的形式。

改革开放以来，"80后""90后"和"00后"三代乡村儿童的休闲生活内容和方式的变迁，不仅透视了乡村社会本身的发展和变化，同时也透视了社会变迁所带来的乡村儿童精神生活的变化。随着乡村物质生活质量的提高，乡村儿童闲暇生活质量亟待提高。

第六章 改革开放以来乡村儿童精神生活变迁透视

改革开放以来,"80后""90后""00后"乡村儿童所生活的乡村变化很大。即使是同一"精神事件",对不同年代儿童所产生的作用和影响也不相同。社会是发展的,时代是进步的。乡村儿童的精神生活也必然会向着好的方向前进。但是,受经济发展所带来的负面因素的影响,目前乡村儿童的精神生活状况堪忧。这不仅仅体现在乡村儿童精神生活的内容、形式等外在因素的变迁,更体现在乡村儿童精神成长中的内在价值观等方面的迷茫、困惑。如果乡村儿童家长、学校以及乡村社会能重视起来,形成一股正向的合力,对乡村儿童加以正确的引导,乡村儿童的精神成长定能向着更健康的方向发展。

本书的第二章至第五章主要采用的是实证研究方法,通过"见山是山"的手法,还原了"80后""90后""00后"三代乡村儿童本真的精神生活境遇。本章一方面通过比较研究的方法对不同年代乡村儿童的精神生活进行透视,提炼出对乡村儿童精神成长起重要作用的影响元素;另一方面采用哲学思辨的方法,理性分析"80后""90后""00后"三代乡村儿童的精神生活,通过"见山不是山""见山还是山"的手法从不同角度解析乡村社会变迁所引起的乡村儿童精神生活变迁的基本特点和规律。

第一节　乡土性："80后"乡村儿童的精神生活透视

"80后"乡村儿童生活在一个自然环境优美、乡土气息浓厚的乡村社会。在自然环境中，"80后"乡村儿童学会了自娱自乐；在乡村文化的熏陶下，"80后"乡村儿童的精神、文化生活较为丰富、充实、健康。总体而言，"80后"乡村儿童的精神生活简单、淳朴，精神成长的指向也较为自然、积极、向上。

一、乡土之于"80后"乡村儿童精神成长的重要性分析

在"80后"乡村儿童的精神生活中，无论是游戏生活、民俗生活、文艺生活还是闲暇生活，都与"乡土"有着紧密的联系。

在中国，最早是社会学家费孝通在《乡土中国》一书中揭示了中国社会的乡土性特征。该书第一节，费老开宗明义地说："从基层上看去，中国社会是乡土性的。"[1]原因在于"乡下人离不了泥土，因为在乡下住，种地是最普通的谋生办法。"[2]在乡下，"土"是农民的命根，"在数量上占着最高地位的神，无疑的是'土地'"[3]。乡土性对中国的社会生活以及中国人的生存方式的影响是基本的乃至全局性的。这种特性只有在走近它、打开它之后，才能真正地发现它。而发现乡土性，包含了寻找、感受、体悟乡土之道和价值。生活于其中的"80后"乡村儿童真正体验到了"乡土"的优越性。

乡村的泥土散发着芬芳，孕育了"80后"乡村儿童的童年之梦。泥土，在大自然中是独一无二的。诗人鲁藜如是表达了对泥土独特的情

---

[1] 费孝通：《乡土中国　生育制度　乡土重建》，商务印书馆2015年版，第6～7页。
[2] 费孝通：《乡土中国　生育制度　乡土重建》，商务印书馆2015年版，第6～7页。
[3] 费孝通：《乡土中国　生育制度　乡土重建》，商务印书馆2015年版，第6～7页。

怀:"老是把自己当作珍珠,就时时有被埋没的痛苦。把自己当作泥土吧,让众人把你踩成一条道路。"在生活中,人如泥土般真实地存在着,要树立正确的生活态度,否则就会庸人自扰,陷于痛苦之中。"80后"的精神生活中,无论是游戏生活、民俗生活、文艺生活还是闲暇生活都离不开一个"土"字。

泥土是乡村儿童游戏中必不可少的素材。泥土,只要掺入水,就变成了泥巴。泥巴,既可以用来做各种不同的造型,还可以作为打仗用的工具。一方水土养一方人。对于乡村村民而言,"面朝黄土背朝天"是他们的真实写照;对于乡村儿童来说,泥土则是他们从小就非常熟悉的玩具。抬起头,仰望天空,无边云雾舒展着天幕;低下头,踩踩土地,那粘在鞋底的泥土松软温润。泥土,在乡村随处可得,但又有多少人能一直保有泥土般的谦逊品格和任人踩踏的态度以及勇于牺牲自我的精神呢?

中国是一个乡土社会,"80后"乡村儿童有可能成为生于乡村且依然带有乡土情结的最后一代人。

二、"80后"乡村儿童精神生活的乡土性特征

以乡土为基本内容的游戏生活体现了乡村儿童精神生活的自然性;以乡土为内容的民俗生活在促进乡村儿童的潜在精神发展方面起到了一定的启蒙和教化意义;以乡土为内容的文艺和闲暇生活体现了乡村儿童精神生活的诗意本质。

(一)"80后"乡村儿童精神生活的自然性

乡村儿童精神生活的最大特性莫过于自然性。大自然滋养了乡村儿童,大自然的一切对乡村儿童来说是那么的唾手可得,其中的幸福与快乐存在于乡村儿童甜美、纯真的笑容中。

乡村儿童比城市儿童更易于亲近大自然。大自然在乡村儿童的精神

成长中扮演着非常重要的角色。在语言的形成、思维的发展、想象力的丰富方面，乡村儿童都从自然中汲取了养料。按照卢梭的观点，大自然是爱弥儿的人生导师，"教他认识人生"。首先，大自然发展了爱弥儿的感官。在生活中，爱弥儿要能够使用器官、感觉和才能以及一切使他感到自身存在的各部分，能够对生活有感受。因此要发展爱弥儿的感官，让他感受到生活的美好。人是一种感性动物，能感受生活的人首先是有资格体验幸福的人。其次，大自然教育了爱弥儿，使其习得自然的法则。卢梭认为人性是本善的，所以他强调自然生长。以植物为例，即使在生长中由于外力的作用使之偏离了生长的方向，但是它们的液汁并不因此就改变原来的方向。而且，如果继续发育的话，它又会直立地生长。

"80后"乡村儿童生活在自然的环境中，其精神生活的内容大都来源于大自然，与大自然产生生命的连接并以此发现自然的奥秘。在乡村，由于成人的干预较少，儿童能够按照固有的天性来生活，较少具有人的主观色彩。所以，卢梭也特别强调儿童的自然性。杜威则用"本能"来表示儿童的天性，并认为儿童天生具有制作、语言社交、艺术和探究的本能。"80后"乡村儿童的生活验证了这一点，处处体现为本能、自然地流露，正所谓本性的最初的冲动始终是正确的，因为在人的心灵中根本没有什么生来就有的邪恶，任何邪恶我们都能说出它是怎样和从什么地方进入人心的。

在儿童的精神生活中，人际间的交往能使心灵与心灵之间产生碰撞。在"80后"乡村儿童的交往对象中，最重要的一个对象就是大自然。20世纪80年代的乡村"充满着碧绿、清香、宛转、沉静的诗情画意"①，为"80后"乡村儿童提供了一个自然的生态环境。在这种环境下，"80后"乡村儿童的精神生活内容充分取材于大自然，体现了儿童与大

---

① 华金余：《他者与自我：论20世纪中国文艺中的民间文化形态》，《江苏大学学报》（社会科学版）2016年第1期，第86页。

自然之间"深刻的融合关系"①，即"大自然是儿童之母，儿童作为大自然之子"②。"80后"乡村儿童的大多数闲暇时间都在室外度过。他们常常是玩到吃饭时间，才极不情愿地被父母叫回去。对精神生活质量影响最大的是自然环境。"80后"乡村儿童的诸多生存能力和基本常识亦是在自然中习得的。儿童在精神发生的最初时期，由于主客体之间缺乏分化，因而基本上是无意识的。这种无意识的潜在精神，是儿童精神成长中的根基，即最初的真、善、美。"以竹为马，以椅为车"看似简单，却是儿童在大自然中的创造，是儿童精神的外显。亲近大自然是"80后"乡村儿童真实的精神诉求。

（二）"80后"乡村儿童精神生活的潜在精神品性

"正如身体的发育并不是个体习得的那样，精神的发育至少有一部分不是个体习得的。"③有一种精神品性是无法在后天习得的，即承认人的精神中有一种先验的成分。这种无意识的潜在精神，是儿童精神成长中的根基，即最初的真、善、美。这种非后天习得的精神品性是潜在的精神品性，是与生俱来的，必须通过一定的途径才能获得生机。

20世纪80年代，人们已经逐渐意识到"童年"这一概念。"80后"乡村儿童的精神成长仍处于自发的状态。在一个家庭里，往往是哥哥姐姐没人看，弟弟妹妹由哥哥姐姐来看。在同伴交往中，"80后"乡村儿童获得了充分的发展，免于遭受成人的压迫。乡村家长极少关注"80后"乡村儿童的精神成长问题。学校教育则主要以教授书本知识为主，也未涉及乡村儿童的心理、情感等精神生活问题。所以，"80后"乡村儿童的精神成长主要是个体的自我启迪、体悟。自由和游戏保障了"80

---

① 焦荣华：《儿童与大自然的关系对儿童教育的启示》，《学前教育研究》2012年第11期，第10页。

② 焦荣华：《儿童与大自然的关系对儿童教育的启示》，《学前教育研究》2012年第11期，第11页。

③ 刘晓东：《儿童精神哲学》，南京师范大学出版社1999年版，第5页。

后"乡村儿童的潜在精神品性得以发展。

自由是儿童精神成长的沃土，是儿童拥有的不可抹杀的权利。儿童如何成长为真正意义上的人，如何在现实世界中获得属于他的存在身份，自由的环境是不可或缺的重要条件。自由的核心是"自主"，内含"免于强迫"和"按自己的意愿做事"之意。自由是过往，是历史，约束是当下。20世纪80年代的乡村儿童虽然也受家长、学校的约束，但这种约束相对而言还是较为宽松的。"80后"乡村儿童的精神生活是自由的。对儿童来说，"物质贫困并不一定导致精神贫困"[1]。充分享受到游戏的权利和大自然的厚待，即使是最贫穷的儿童，也能够创造充分的条件和机会让自己的童年生活得有滋有味。

潜在精神品性的挖掘，需要通过儿童游戏来获得。因为，"游戏是个体自发地对自身潜能的开发活动，是个体处于游离状态的潜意识的活动的外化"[2]。游戏是儿童精神成长中必备的活动。会玩的孩子更聪明，如果缺乏游戏，儿童潜在的精神就不可能淋漓尽致地表现出来。为此，提供充分的游戏机会是儿童潜在精神品性发展的基本保障。

（三）"80后"乡村儿童精神生活的诗意本质

德国哲学家海德格尔说过："人应该诗意地栖居在大地上。"20位受访的"80后"，虽然现在的处境不同，从事的职业不同，但是他们对于童年的记忆是一样的：童年是快乐的、幸福的。

访谈故事15（来自A村一位"80后"受访者）：

我的童年是在A村度过的，童年的记忆非常美好。我小时候最爱做的事情就是到后山的小溪里捉螃蟹、游泳等。后山那条小溪清澈见底，溪边的鹅卵石踩在脚底痒痒的，捡起一块就能打一个大大

---

[1] 李萌：《消除精神贫困构建健康精神生活的对策探究》，河北师范大学硕士学位论文，2014年，第12页。

[2] 刘晓东：《儿童精神哲学》，南京师范大学出版社1999年版，第7页。

的水漂……冬天，这里还可以玩雪、滑冰。

如今，儿时的小溪变得浑浊了，有很多地方也都干了，河岸成了堆积垃圾的地方。

访谈故事16（来自B村一位"80后"受访者）：

我们村南有一座山，一年四季的山景各有特点。

春天的山是绿色的。山上植被覆盖率较高，大树都长出了绿绿的叶子。在大树的旁边有一条小河，小河静静流淌着，小河里有很多小鱼。河边有很多的草儿、花儿，一片欣欣向荣的景象，充满生机。

夏天的山是清凉的，是小朋友们纳凉解暑的好去处。

秋天的山是黄色的。山上的树叶黄了，金灿灿一片。

冬天的山是白色的。大雪铺满了家乡的山，到处都是白茫茫的一片，小河结冰了。冬天的山一片静谧。

如今，山上的大树被砍伐了，山头光秃秃的。山边新盖了厂房，每天都是轰隆隆的声音……

"80后"的记忆中，乡村是美丽的，体验是幸福的，儿童生活是充满着诗情画意的。这种美丽和幸福将会影响其一生，成为他们一生的财富。

三、乡土与现代的比较："80后"乡村儿童的精神生活层次有待提高

乡村的乡土气息、乡土味道以及乡土性，是乡村传统的积淀。纵使乡土性是我国乡村社会特有的优势，从发展的角度来看，乡土社会与现代社会相比缺乏发展的动力和一定程度的开放性。为此，"80后"乡村儿童的精神生活被笼罩上了一丝"土气"与"保守"的色彩。这无疑会在一定程度上影响"80后"乡村儿童精神品性的进一步发展。

（一）"80后"乡村儿童的精神生活有点"土气"

传统意义上的"土气"指式样、风格等赶不上潮流，不时髦。说一个人"土气"其实就是鄙视其人老土、过时。"土气"还指从泥土中蒸发上升的气体。如今还可以理解为地气。那么，接地气又有什么不好呢？所以，从另一个角度来说，这种"土"也是保障"80后"乡村儿童保持纯洁本性的基本条件。

首先，乡村儿童的生活条件，特别是物质条件非常落后。20世纪80年代的农村较为封闭，消息不畅通，商品也是过时的。"80后"乡村儿童与城市儿童相比，略显"土气"。"80后"乡村儿童平时穿的衣服基本上都是哥哥姐姐或者比自己年龄大的堂哥堂姐穿小的衣服。80年代的农村，经常会看到小孩子被套在一件很大的衣服下面，显得极为瘦弱。

其次，乡村儿童往往是被放养的，很少读书。阅读是丰富人的精神生活的主要渠道。一个人的精神成长史，应该就是一个人的阅读史。有效阅读不仅可以影响个人的精神成长，甚至还会影响到整个民族和社会的长足发展。但是，20世纪80年代的乡村儿童的阅读质量非常糟糕。主要体现为因阅读材料匮乏而导致的不读和不会读、因观念偏向导致的不重视阅读等问题。从受访的"80后"来看，他们在基础常识、基本生活概念等方面的把握情况整体上偏差。

（二）"80后"乡村儿童的精神生活稍显"保守"

"保守"做形容词时指"守旧、不求改进"（形容人），做动词时指"保卫、守护"。反义词为"开放"。"保守"也指保护看守，态度倾向旧有制度习惯或传统，无意开拓新创；特指维持旧状态，不求改变或改进。

"80后"乡村儿童的精神生活稍显"保守"，这直接影响了其价值观念和行为方式。"80后"乡村儿童的观念较为保守，在儿童期普遍持有如男女授受不亲、女主内男主外等守旧的观念。乡村儿童从小的成长环境是相对封闭的，加之农村地区的教育水平落后，他们的眼界远没有从小生长在城市、见惯了各种"大场面"的城市儿童广阔，知识面也较为狭窄。思维方面，更多的是一种较为单纯的"自然思维"，用"土地哲学"来解决问题，缺乏灵活和变通。"80后"乡村儿童普遍比较听话，一般都是听从父母等长辈的安排。如在消费方面，喜欢遵循传统的消费习惯，对新产品往往持怀疑和观望态度，对使用新产品的人也会有偏见；在做事方面，自给自足的思维限制了他们的视野，往往喜欢一个人单打独斗，缺乏合作的精神品质等等。

总体而言，"80后"乡村儿童的精神生活由于"土"而降低了层次。囿于20世纪80年代乡村物质生活贫乏、精神生活条件落后的现实困难，"80后"的精神生活也不可能如愿得到提高。其结果就是"80后"乡村儿童的辍学率较高、升学率较低。反映在当下，则表现为"80后"乡村儿童的整体学历水平低，生活状况偏差。

第二节　由乡土性向现代性过渡："90后"乡村儿童的精神生活透视

"90后"乡村儿童，是典型的由乡土性向现代性过渡的一代人。"90后"乡村儿童的游戏生活、民俗生活、文艺生活和闲暇生活都与"80后"乡村儿童有明显差异。最大的差别在于"90后"乡村儿童的精神生活逐渐远离乡土，走向现代。

一、"90后"乡村儿童精神生活概观

（一）"90后"乡村儿童精神生活环境之变

"90后"乡村儿童生活环境的变化包括物质环境的变化和精神环境的变化。

1.物质环境的变化

从80年代到90年代，乡村社会由追求温饱到温饱问题基本解决。"90后"乡村儿童所生活的物质环境越来越好。

（1）经济条件提高

20世纪90年代，乡村人的思想观念不再保守，家中的剩余劳动生产力全部输出，到大城市去打工，这样，农村家庭收入就从单一务农转到了打工、务农双收入。家庭收入提高了，生活水平也就大大改善了。"90后"乡村儿童不仅可以吃饱穿暖，而且经常添置新衣。有时候，还可以获得些许零花钱自由支配。

（2）能源条件进步

20世纪90年代末期，农村已经逐渐开始推广燃气、太阳能等新型能源，这就代替了以前的木材、煤。这不仅提高了燃料的利用率，还减少了空气污染，降低了村民的患病率。

"90后"乡村儿童拥有了简单的商业化"玩具"，新颖的电动玩具进入他们的生活世界。

（3）物质生活改观

在20世纪90年代的农村里，有些先富裕起来的家庭开始翻盖两层小楼，购置摩托车，加快了生活的节奏。到了20世纪90年代末期，几乎95%的农村家庭都有了电视机等小家电。另外，家家户户也都安装了电话，方便了联系。

20世纪90年代的农村虽然处于发展的初期，但整体呈现出一种旧貌换新颜的状态。

2.精神环境的渐变

物质环境的变化引起乡村儿童精神生活空间的私人化和交往方式的变化，整体的精神环境也因此发生了改变。

（1）"90后"乡村儿童的生活空间开始由公共转向私人

20世纪90年代，露天电影开始退出乡村的历史舞台。"露天电影的衰亡体现着农村中一类典型且重要的基层公共生活形态正在退出历史的舞台，与之相应的文化启蒙和公众参与等内容也不复存在，个体融入社会公共空间的渠道不断被侵蚀与阻隔。"① 与此同时，电视在乡村逐渐普及。所以，"90后"乡村儿童将活动场所转移到了室内，其生活空间也慢慢私人化。

（2）"90后"乡村儿童的关系由和睦变得疏远

由于家庭环境的优化以及空间的私人化，"90后"乡村儿童相互间的交流、玩耍的机会变少了，取而代之的是儿童自己游戏或独享电视节目。

"90后"的父母中，凡是有一技之长或者劳动能力较强的，都会想办法外出务工。所以，20世纪80年代联络人与人之间情感的最佳方式——串门，在20世纪90年代，也变得非常稀缺。以至于"90后"乡村儿童之间的同伴交往变少了，同伴关系变淡了。

（二）"90后"乡村儿童精神生活的内容之变

"90后"乡村儿童精神生活的内容之变，体现在游戏生活、民俗生活的减少以及大众娱乐生活的增多。

1.游戏生活减少

民间传统游戏蕴含的游戏精神是儿童社会化成长的精神食粮。② 随着传统民间游戏的失落，以及"业精于勤荒于嬉""玩物丧志"等观念的流行，游戏生活在"90后"乡村儿童整个精神生活中的占比降低了，游戏的精神开发功能逐渐丧失。

随着"90后"乡村儿童精神生活的去乡土化，他们游戏的对象也发

① 刘君：《露天电影：从流动影像放映到公共生活建构》，《东南学术》2013年第2期，第221页。
② 罗红辉：《民间传统儿童游戏的传承与创新》，《学前教育研究》2014年第11期。

生了变化，从自然、玩伴转向玩具。其主要原因可归结于乡村社会结构的变迁以及玩具的普及。

20世纪90年代，农村劳动力开始向城市转移。尤其是到了90年代中后期，全国处于流动状态的人口"大致在8000万到1.2亿"[①]。父母外出，家里的农田被承包出去，"90后"乡村儿童则被留给爷爷奶奶或者亲戚朋友照看。爷爷奶奶、亲戚朋友首先要保证的是儿童的人身安全。为了保障"90后"的人身安全，他们往往被要求在家里玩耍，人身自由受到限制，离农田、泥巴、山水等乡土元素也就远了。同时，90年代，机械类玩具如游戏机、发条玩具等进入农村，吸引了"90后"的眼球和兴趣。

2.民俗生活减少

随着乡村民俗观念的淡化，民俗生活逐渐不受重视，很多民俗活动能简则简、能不做就不做。因此，乡村儿童受乡村民俗的影响也越来越少。

缺乏参与，就会减少理解和认可。民俗生活内容的减少，直接影响了乡村儿童对乡村文化的理解与传承。"90后"乡村儿童逐渐被圈养、精养起来，呈现出一种"两耳不闻窗外事"的生活状态。当然，这样的状态对"90后"乡村儿童的精神成长显然是不利的。

3.文艺生活增多

随着电视的普及和电视节目的日渐丰富，"90后"乡村儿童的文艺生活在整个精神生活中比重逐渐增加。与"80后"乡村儿童的传统文艺生活不同的是，"90后"乡村儿童的文艺生活从现场转移到了录播的电视屏幕前；从学唱、集体交流转变为纯粹的观赏；从传统的乡村文化方式转变为大众的娱乐方式。

[①] 蔡昉：《中国流动人口问题》，河南人民出版社2000年版，第6页。

（三）"90后"乡村儿童精神生活的方式之变

人怎么生活，往往和他所处的环境、经济条件、消费观念有关。自"90后"乡村儿童的精神生活逐渐去乡土化之后，其精神生活的方式也出现了变化。

"90后"乡村儿童逐渐适应了商品经济生活方式。商品经济生活方式是与自然经济生活方式相对的概念。"90后"乡村儿童，被剥夺了"劳动"的权利。农村家庭经济收入增长后，其消费方式也发生了改变，生活水平也随之提高。农村人也逐渐开始"歧视"农业劳动，越来越希望选择外出打工——挣钱——消费的生活模式。

"90后"乡村儿童的精神生活方式逐渐城市化。城镇化建设不仅改变了农村的经济结构，而且改变了农民的思维、观念和生活方式。农村为了帮助农民脱离农业，通过优惠条件引进企业。当农民的土地被集体征收出租之后，他们的命运就完全改变了。城市化的生活方式使得农民只需要"离土"而不需要"离乡"。这似乎是一件很划算的事情。但是，这破坏了千百年来沉淀下来的乡土文化，致使"90后"甚至以后的儿童都与乡土脱离了关系。当"90后"乡村儿童享有城市的一切物质条件和舒适，从这种意义上说，他们的生活方式就被城市化了。

受乡村经济、环境的变化，"90后"乡村儿童的精神生活重心逐渐失衡，物质主义、金钱主义等各种思潮涌向乡村社会及儿童。乡村经济不断发展，农民生活水平提高，但传统的是非善恶观受到挑战，而新的体系尚未建立。因此，"90后"乡村儿童的精神成长处于一种极其混沌的发展状态。在这种矛盾、冲突的环境中，乡村儿童的人生观、价值观等也受到了严峻的挑战。

二、"90后"乡村儿童精神生活受现代性的影响

"现代性"就其外延而言，是相对确定的。它特指那些发端于西方启

蒙运动的价值理念和文化精神。这些价值理念和文化精神在从传统农业文明向现代工业文明的社会转型过程中孕育、丰富，并对这一过程发挥着规范作用。但是，就"现代性"的内涵和对现代性的价值判断而言，西方思想家们各有见解。20世纪90年代，中国农村正悄然发生着变化。经济条件不断提高，物质生活不断富裕，必要的精神生活需求也不断得到满足。根据"90后"乡村儿童精神生活的访谈内容，可以看出农村的现代性发展对乡村儿童的精神成长有着极深的影响。

（一）积极影响

按照哈贝马斯的说法，"现代"一词为了将其自身看作古往今来变化的结果，也随着内容的更迭变化而反复再三地表达了一种与古代性的过去息息相关的时代意识。哈贝马斯指出，人的现代观会随着信念的不同而发生了变化。他所说的信念是由科学促成的，体现为信念让大家更加相信知识无限进步、社会和改良无限发展。所以说，乡村儿童在现代社会的发展有其进步的、积极的意义。

首先，现代性的发展提高了乡村儿童的物质生活。20世纪90年代，中国的改革开放继续深化。在改革开放提出的新农村建设的方针下，大多数的农村经济开始了长期迅猛的发展，群众物质生活提高了，乡村文化也得到了发展，改善了乡村人民原有的精神文化生活。

其次，现代性的媒介进入农村，改变了"90后"乡村儿童的文化娱乐方式。对于乡村儿童来说，单调沉闷的文化生活因彩色电视的到来而逐渐变得丰富多样，日本漫画、各国电影、上网、玩电脑游戏等文化娱乐活动得到广泛普及。

再次，现代性的观念在"90后"乡村儿童中普遍得到接纳。在调查中，我们发现，"90后"乡村儿童较"80后"乡村儿童更易于接受新鲜事物，观念更前卫。

（二）消极影响

现代性造成乡村儿童对社会认同的迷失。城市经济发达，农村经济落后，大量农村劳动力进城务工，致使农村面貌和农民生活方式彻底改变，进而造成农村社会凋敝与衰落，使原来的农村无法组织和开展自发性的群众性文化、娱乐活动等。政府所提供的公共文化服务也因为缺乏农村中坚力量的参与而被边缘化。另外，农村劳动力流向城市，削减了农村文化发展的后劲，使得乡村儿童无法接受民间故事歌谣的熏陶，失去了对于乡村的精神寄托。目前，在城市强势文化的冲击下，乡村原有的内在精神元素与弥足珍贵的价值成分逐步被蚕食，乡村生活逐渐失去了自己独到的精神内涵和独特的文化魅力。

同时，年轻的父母流向城市，把对子女教育的责任更多地推给了学校，而乡村学校教育是一种"城市导向型"的教育。学校作为一种体制性的力量，通过城市取向的知识传授、价值引导，强化了乡村儿童对乡村社会以外世界的向往，在把城市文化作为参照系的教育引导下，学校教育造成少年儿童对乡村以及乡村生活形成了片面认识。乡村及乡村文化通常是与"贫穷""愚昧""落后"相联系，乡村儿童不由自主地选择背离生于斯、长于斯的"乡村世界"，产生了文化上的不自信。另外，电视、网络在开阔儿童视野、扩大儿童知识面的同时，造就了儿童的反乡村意识。如现代电视节目主要传播的是源于城市而又远远超越于城市的生活模式，节目中充斥着高级化妆品广告、好莱坞大片和城市美女俊男的情情爱爱，其内容脱离乡村生活的实际语境，甚至脱离现实社会关系和社会秩序的生活和文化图景，它在引导儿童对城市美好生活的想象。在形成对城市生活、城市文化价值向往的同时，它也在逐渐解构乡村文化，强化留守儿童对农村的否定和反叛意识，增强他们脱离乡村生活的渴望，使他们中的许多人变得鄙视乡土，看不起劳动，对乡村生活产生认同矛盾和认同危机。但是他们又不是城市文化意义上的少年，这就在实际上造成了一种在文化精神上的无根。

"90后"乡村儿童的精神生活，在乡村社会现代化的发展之路上遇到了困难和坎坷。但是，总体而言，这些困难和坎坷所引发的思想、态度、价值观等问题都处于萌芽状态，是可以通过家庭、社会和学校教育的正确引导而得到解决。

第三节　去乡土性："00后"乡村儿童的精神生活透视

通过对"00后"乡村儿童精神生活现状的分析，不难发现他们精神生活的内容和形式都有了重大改观。其中，最为明显的改变就是作为乡村人的乡土性的丧失。"00后"乡村儿童精神生活去乡土性主要表现为：网络化、多元化、异质化。

一、"00后"乡村儿童精神生活的网络化

对"00后"乡村儿童精神生活产生重大影响的媒介是网络。网络是现代社会发展的产物。作为一种媒介，它影响了乡村儿童的日常生活方式。在信息网络的影响下，乡村儿童的精神生活离大自然、民间游戏、童话、梦想与诗意越来越远了。

举一个很简单的例子："00后"的乡村儿童非常适应并喜欢玩手机、看平板电脑这样的生活状态。在网络世界里，孩子们可以自由交流，自由经营自己的精神空间、人际空间，在建构网络社会空间上孩子与大人相比毫不逊色。儿童有彻底革新通信、文化、社会以及用新的方法解决这个新兴世界里的问题的可能性。研究显示，儿童对媒介的驾驭能力已经使一些将儿童作为一种"不成熟"的人的观念土崩瓦解。反映在"00后"乡村儿童身上，更多地体现为具体的游戏生活、民俗生活、文艺生活和闲暇生活的重大改观。很明显，他们的生活内容和方式都与传统的

乡村儿童不同。不可否认，时代的进步、文明的发展为乡村儿童提供了越来越多的书籍。乡村儿童的阅读能力和素养有了极大的提升。只是，"00后"乡村儿童的精神生活方式和空间都发生了巨大变化，使得他们远离了大自然的怀抱，他们逐渐远离了养育自己的乡土家园。这成为众多具有浓厚乡土情结和"怀旧"心理的学者所深感遗憾和痛斥的事情。

作为在中国互联网飞速发展阶段成长起来的一代人，"00后"的精神生活与网络有着密切的联系。物质生活的脱贫使得乡村儿童有条件和世界上任何一个其他儿童一样，享受网络带来的便利。"00后"乡村儿童无论是在学习、游戏和娱乐上都离不开网络。网络成为"00后"精神生活的主要途径。但是"00后"又过于依赖网络，成为"宅"在家的一代。"宅"显示了这个时代的弊病。

（一）网络影响了"00后"乡村儿童的游戏生活

网络加速了乡村民间游戏的衰落，同时又给"00后"乡村儿童带来了更刺激、更好玩、更智能的游戏生活模式。

通过访谈我们了解到，"00后"乡村儿童中玩网络游戏者非常普遍。他们网络游戏的动机以及对于网络游戏的态度也是褒贬不一。有的儿童纯粹是为了打发时间，认为网络游戏是自己日常生活的调味剂，有时候还能激励自己更快速地完成作业；有的儿童由于好奇而玩网络游戏，他们认为沉迷于网络游戏是不对的，对自己的视力不好，而且父母还不高兴；还有的儿童给自己玩网络游戏制定了严格的计划，他们认为网络游戏既有好的一面也有不利的一面，应该辩证地看待，所以想要产生好的效果，应该克制自己，该玩的时候玩一会，不该玩的时候要注意控制自己……

事实上，"00后"乡村儿童对于网络游戏本身的优缺点的认识非常客观、辩证。但儿童毕竟是儿童，他们的意志力和自制力比较薄弱。由于缺乏家长、学校的有力监管和科学引导，他们难以克服网络游戏成瘾的问题，所以在乡村存在个别儿童沉溺网络游戏的现象。

（二）网络影响了"00后"乡村儿童的文艺生活

网络媒介"为艺术发展带来了前所未有的机遇"①，同时为"00后"乡村儿童提供了大量丰富的视觉体验。网络媒介改变了乡村儿童参与文艺生活的方式，提高了乡村儿童对于文化艺术审美的能力。

"00后"乡村儿童是享受新农村建设硕果的一代。本研究所访谈的30位"00后"乡村儿童，拥有智能手机者占90%，有QQ号和微信号者占100%。手机、电脑的一键上网功能使得"00后"乡村儿童能够随心所欲地获取全国各地的精彩艺术表演节目。这种便捷性是前所未有的。而露天电影，这种伴随着20世纪80年代乡村儿童成长的最受欢迎的文艺生活方式，对"00后"乡村儿童的影响几乎为零。在新农村"电影下乡"活动的推广下，"00后"乡村儿童对露天电影并不陌生。当谈及露天电影时，他们觉得并不稀奇。当被问及看过什么影片、是否感兴趣时，他们都表示，虽然村里隔一段时间就会组织播放一次露天电影，但是去看的人并不多。

"00后"乡村儿童集体观赏艺术节目的形式已经不复存在。

二、"00后"乡村儿童精神生活的异质化

健康的精神生活是快乐的、慢速的。但是，在物质生活愈加繁荣的背景下，"00后"乡村儿童在精神成长过程中出现了前所未有的困惑与迷茫。他们的精神生活受网络、多媒体等新兴元素的影响出现了一些偏差。

（一）网络媒介为"00后"乡村儿童的社交提供了便捷，同时深刻影响了"00后"乡村儿童的同伴交往。这为"00后"乡村儿童的"宅"提

---

① 黄鸣奋：《互联网与艺术》，《学术月刊》2007年第6期，第113页。

供了非常好的解释。与"80后"乡村儿童相比,"00后"乡村儿童不喜欢与人接触,喜欢生活在自己的世界里。"宅"的特征第一次如此明显地出现在"00后"乡村儿童身上了。

D村一名小学教师说:"我儿子是1999年的,在读中专,天天沉迷于网络游戏,现在快毕业了,我们都替他担心,但是他自己一点也不操心。现在的小学生也是这样。虽然不让他们带手机来学校,但人人都有QQ、微信,一放学就开始聊QQ、微信,你说在学校有什么事情不能直接面对面沟通吗?这种虚拟的网络环境对少年儿童真是毒害很深啊。"

(二)城市文化的"入侵"和乡村文化"衰落"在导致乡村传统文化教化功能式微的同时加剧了"00后"乡村儿童的"问题化",包括是非价值观念的模糊以及对传统文化观的不信任。中国传统文化强调以大局为重的思想观念形成了中国人以集体主义精神为核心的文化价值观,这种观念至今仍然是主流的观念。它维系着以"熟人社会"为基础的乡村世界,使之稳定而牢固。但进入信息社会以后,城市文化的"入侵"和乡村文化"衰落"形成鲜明对比。在一味追求城镇化建设的背景下,二者之间强烈的对比使以道德和共同价值观为维系纽带的乡村传统文化秩序走向消解、衰落甚至是崩塌。丧失了统一的文化权威,对身处其中的乡村儿童的直接影响就是在无序的乡村文化格局中走向迷茫,成为"无根"之人。

总之,改革开放以来,乡村社会结构变革,工业化打破了传统的劳动生产方式,原有社会的差序格局逐步消解,相对封闭、固化的文化生态不复存在。如果说"80后"乡村儿童还保留了乡村精神生活的淳朴和单纯,那么"00后"儿童却被技术网络构筑的精神世界所主宰了。工业化、现代化打破了乡村精神生活的区域性、地方性。同一性、同质性、标准化使得乡土色彩、地方性文化对乡村儿童精神生活的作用日渐式微。另外,网络传媒时代,在一些新观念、新思想的影响下,"00后"

乡村儿童对于乡村民俗文化大都持批判与否定的心态，其日常行为和选择正悄悄改变。总体而言，当前乡村儿童的精神生活正面临危机和困境。一方面，他们对于真、善、美的内涵有了不同的理解；另一方面，他们对于是非善恶没有绝对的标准，价值观混乱，信仰缺失。

第四节　乡村儿童精神生活的三十年变迁透视

改革开放三十年来，乡村社会在社会发展的信息化和现代化的影响下，发生了很大变化。学界曾一度对此非常担忧。有学者认为不应该让传统的乡村文化继续衰落下去，我们应积极寻求保护措施；还有学者认为乡村文化的变迁导致乡村儿童、乡村人际遭到破坏，乡村文化的重建事不宜迟。鉴于乡村儿童精神生活的三十年变迁情况，乡村文化的修复与重建显得更为迫切。

一、乡村文化衰落剥夺了乡村儿童作为"乡村人"存在的意义

儿童生活的村庄、天气、季节性变动、耕作方法、土地所有制度和政治体制都构成了理解儿童生活的基本框架。改革开放三十年来，乡村社会的改革和发展是巨大的，可以说，任何一个细微的变迁都可能产生对儿童精神生活的巨大影响。

20世纪八九十年代，是中国改革开放的初期，乡村社会的变化并不明显，但已经可以隐约感受到乡村社会与文化格局中，乡土和都市的对峙。随着乡村社会改革的深入，在乡土与都市的两极化互动与冲突中，乡土世界逐渐失去了主导性地位。21世纪初期，在现代性的强大冲击之下，本土的固有传统、乡土的价值体系以及古旧的文化美感在一点点地丧失。自此，乡村儿童的精神生活也受到乡村现代化发展的影响，原有的乡土特性受到了压制和破坏。对一个生活在乡村却不了解乡村文化、

不喜欢乡村劳作、不热爱乡村社会的人来说，他只能被"边缘化"，成为乡村里的"陌生人"。

直至21世纪，乡村文化的衰落已经成为一个无法扭转的事实。在持续被消解的乡村文化和持续被强化的城市价值取向的影响，"00后"乡村儿童开始怀疑自己的"乡村人"身份，甚至在内心世界里鄙视甚至瞧不起自己。所以，在乡村儿童的精神世界里，他们开始追求"城市人"的身份，淡忘"乡村人"的存在。如此，乡村仅仅成为乡村儿童的居所，而不是精神家园。

二、乡土性拯救与乡村儿童精神诉求

随着乡村建设的发展和社会的现代化，乡村儿童游戏的乡土素材也逐渐受到了限制。为使乡村儿童回归"乡村人"，满足他们的精神诉求，唯一的途径就是实行乡土性拯救。生活内容发生变化，生活的本质就会随之变化，人在精神追求方面的目标也就会逐渐偏离原先的轨道，面临着封闭与开放、保守与进步的冲突。

（一）理想主义与现实主义的冲突

人是自己精神的主体，其创造性和发展潜力不但要在物质和社会生活中表现出来，还需要在自由的精神文化活动中表现出来。在传统的乡村文化中，乡村儿童的精神健康自由生长，乡村随处可见"儿童急走追黄蝶，飞入菜花无处寻""儿童散学归来早，忙趁东风放纸鸢"的生活趣味图。随着乡村社会的变迁，村民们打破了原有的生活方式，在消费文化中追逐利益的最大化。在乡村人民的观念中，钱成了衡量自我价值的唯一标准。这是现实社会金钱主义的影响。

当自由、真实、自然的乡村生活逐渐成为逝去时代的精神记忆时，"80后"已经长大成人。在体验过现实的心酸与苦楚之后，他们逐渐开始怀念童年的乐土，甚至自发地回归乡村社会，保卫乡村文化。

（二）城乡生活方式的冲突

"究竟什么样的生活才是一种好的生活？"城市生活与乡村生活、城市文化与乡村文化一直都是一对相互矛盾的概念。无论是城市人还是乡村人，我们都需要在城市与乡村之间寻找一种平衡。只有这样，我们的内心世界才能达到平和的境界，儿童也才能在这种和谐的价值观念和文化氛围中健康成长。

城乡本身不是矛盾的对立面。但由于城镇化建设是乡村发展的目标，其中的矛盾和冲突就显而易见了。乡土社会中人们的生活依赖于脚下的土地，城镇化之后，乡村村民的生活无需再直接依赖于土地，乡土社会就变得不再稳定。乡村人抛弃了原有的生活方式和习俗，开始学习城市人的方式生活。这种全面否定的态度导致一个个延续百年甚至千年的传统村落覆灭了。生活其中的乡村儿童不仅需要改变旧有的生活方式，而且还需要通过脱离乡村来摆脱"乡村人"的身份。这使得当下乡村儿童的精神生活成为悬浮于村庄之上的空中楼阁。

综上所述，改革开放三十年来，乡土性拯救已经成为一个现实而迫切的问题。

三、乡村文明缺乏与外部文化的融合

20世纪50年代以来，国家大力提倡"建设社会主义新农村"。在新的历史背景下，党的十六届五中全会提出的"建设社会主义新农村"具有更为深远的意义和更加全面的要求。新农村建设是在我国总体上进入以工促农、以城带乡的发展新阶段后面临的崭新课题，是时代发展和构建和谐社会的必然要求。当前我国全面建设小康社会的重点、难点在农村，农业丰则基础强，农民富则国家盛，农村稳则社会安。没有农村的小康，就没有全社会的小康；没有农业的现代化，就没有国家的现代化。世界上许多国家在工业化有了一定发展基础之后都采取了工业支持

农业、城市支持农村的发展战略。我国国民经济的主导产业已由农业转变为非农产业，经济增长的动力主要来自非农产业。根据国际经验，我国现在已经跨入工业反哺农业的阶段。

新农村建设是具有中国特色的一项惠农政策。党中央在十六届五中全会上做出了"建设社会主义新农村"的重大战略决策，为我国农村勾画出了"生产发展、生活富裕、乡风文明、村容整洁、管理民主"的蓝图。"00后"正是走在新农村建设之路上的一代人。

大众文化的普及为新农村文化理念的提升提供了巨大的可能性。随着改革开放和现代化进程的推进，大众文化在我国的繁荣特别是其向农村的潮涌、普及，带动了农村文化发展，充实了农民的精神世界，农民的思想观念活跃起来了，农村社会也开始由封闭走向开放。广播、电视尤其是近几年来电脑的普及，大大拓宽了农民获取知识信息的渠道，开拓了农民的视野。乡村文明，影响着乡村儿童的身心发展，左右着乡村儿童的价值判断和行为选择，决定着乡村儿童的精神风貌。当前，在新农村的建设之路上，不少乡村为了尽快解决物质脱贫忽略了人的精神成长和素质提升。乡村儿童长期在这种缺乏精神引领的环境下成长，难免不会歪曲了自己的理想、信念。为改善当下乡村儿童建设生活境遇，需协调好物质文明与精神文明之间的关系，避免出现此消彼长的势态，促其相互融合，共同促进乡村儿童健康快乐成长。

剧作家柯灵曾说，人生旅途崎岖修远，起点站是童年。人第一眼看见的世界就是生我育我的乡土。生在农村长在农村的人，其人生难脱乡土本性。

君自故乡来，应知故乡事。

来日绮窗前，寒梅著花未？

最后，引用王维的《杂诗》，希望能说明白一个普遍的道理：在我们每个人的心里，都有一个魂牵梦绕的土地。因为，如果你已忘却生你养你的土地，你的精神根基必然会坍塌。

第七章　新时代改善乡村儿童精神生活的基本路径

　　童年是人一生中最快乐的时光。在这段时间里，儿童可以自由地表达自己的需求，自在地游戏和玩耍……由于童年的精神生活质量将决定儿童一生的幸福程度，所以短暂的童年在人的一生中显得尤其重要。从成长的角度看，呵护儿童的童年，就是为他们一生的健康成长保驾护航。

　　精神生活代表着儿童的精神风貌和价值观念，左右着儿童的价值判断和行为选择，影响着儿童的身心发展。积极多样的精神生活，有利于引导儿童形成健康的心理。调查结果显示，乡村儿童精神生活质量的下降虽然是由乡村社会的变迁造成的，但最根本的原因还在于成人监管的缺位。成人对于提高儿童的精神生活质量有着不可推卸的责任。为改善乡村儿童精神生活，使其充满现代化的色彩，又兼具乡土情怀，我们认为可以从四个方面着手：1.基于本土的策略，焕发泥土芬芳，培育乡村文化；2.基于乡村教化的策略，提高乡村村民素质，重视非制度化教育的作用；3.基于乡村教育：培养健康的乡村儿童；4.基于人文关怀，给予乡村儿童精神生活的温度。

第一节　基于本土：焕发泥土芬芳，培育乡村文化

费孝通先生在《乡土中国》一书中认为，中国社会是乡土性的，"我们说乡下人土气，虽则似乎带着几分藐视的意味，但这个土字却用得很好。土字的基本意义是指泥土"[①]，更进一步来说指的是土地。乡下人离不开土地，这是不争的事实，因为土地象征着他们的身份，更见证了他们世代相传的历史。田间耕作的辛劳、丰收季节的自豪都在向我们展示着土地之于村民的馈赠与无法言说的意义。例如：《白鹿原》中的白嘉轩得知寸草不生的地下竟有着梦寐以求的地下水脉时，表现出的难以抑制的狂喜。村民同样对于土地时刻保持着崇高的敬畏之心，对于土地的养护与耕种不敢有丝毫的怠慢。因为土地不仅关系着整个家庭的生计，更代表着乡土人的一份精神寄托。"80后"乡村儿童的精神生活与生于斯长于斯的乡土环境密不可分，混合着大自然的淳朴和脚下泥土的芬芳。

古代乡村家庭教育中非常注重耕读传世。因此，在乡村，不仅仅有泥土的芬芳，还有着淡淡的书香。有道德有知识有文化的人在乡村更有威望。基于乡村本土的发展，为了给乡村儿童营造良好的精神生活环境，现代乡村非常渴求焕发泥土芬芳，培育乡村文化。这既是乡村发展的治本之策，更是保障乡村儿童美好未来的基础。

一、积极挖掘、培育乡村文化

发展乡村就要高度重视乡村文明在中华文明体系中的历史地位和时代价值，培育乡村文化原创力。在浩瀚的历史长河中，中国灿烂辉煌的农耕文明孕育了"耕读传家、诗书继世"的文化道统和"乡土中国"的

---

① 费孝通：《乡土中国　生育制度　乡土重建》，商务印书馆2015年版，第6页。

儒家伦理，深刻地影响了古代人的精神格局。在当今文明冲突、秩序失范的背景下，积极挖掘、培育乡村文化非常必要和迫切。

（一）增强意识：让优秀的乡村传统民俗文化成为新风尚

优秀的乡村传统民俗应再度成为社会风尚。乡村民俗在乡村一代代流传，可以为乡村儿童生活增添了一些独特的元素。更重要的是，"传统乡村社会的诸多民间故事传说、民间信仰仪式、民俗活动、祖训家规、民谚俗语乃至儿童游戏等，具有补充学校教育的不足，延伸法律法规和道德教化的作用"①对于乡村儿童的精神发展具有重要的导向作用。

人类所具有的先天的精神和文化是他们自我认同、种族认同、宗族认同、国家认同和社会认同的原初动力。说到底，人类最初团结建立的基础就是这种先天动力。涂尔干也说过："社会成员平均具有的信仰和感情的总和，构成了他们自身明确的生活体系，我们称之为集体意识或共同意识。"人类不仅在创造未来，也在享受着过去社会美好文化的积淀。因此，通过文化教育将优秀传统传递给下一代是人类应尽的责任。这不仅是向儿童传递已有的道德、秩序与规范，同时也是向儿童传递一种方法和技能，使他们从小就能够理解并适应当前的社会。

三十多年的对外开放，使国家出现了文化和价值取向的多元化。由于保护意识不强，农耕文明架构下的一些优秀的传统地方民俗文化面临着瓦解、涣散甚至泯灭的危险。不少社会习俗和生活艺术中的传统元素，在外来文化的冲击下严重退化。比如西方情人节和中国七夕节演绎的是同样的主题，结果却不一样，前者受追捧，后者受冷遇。对外来文化的好奇吸引了青少年的注意，使传统民俗文化的传承力量出现断层，影响了传统民俗文化的保护和发展。至此，我们需要对传统文化进行挖掘和审视，对于其中的积极向上、健康乐观的优秀文化进行继承与发扬，同时

① 黄晓珍：《乡风民俗：传统闽西北乡村的非制度化教育》，《中共福建省委党校学报》2017年第5期，第113页。

剔除封建糟粕。优秀的传统文化承载着一个民族的历史记忆，展现着一个国家的发展史，应成为文明每个少年儿童熟知且敬畏的精神支柱。

（二）意义探索：发挥教育作用，深入理解优秀文化的内涵

乡村优秀的传统文化中内含了乡村人民的精神价值追求，这种价值追求使其具备典型的特征，并在长期的社会发展中表现出自身的特点：自力更生，这是中国几千年向前发展的不竭的动力源泉。挖掘传统文化中的宝贵财富，就是要将其本身所具有的民族精神内核重新激活，迸发出更大的能量，完成对全体农民道德情操培养、价值观念内化的任务，以符合中国特色行动主体的要求，使其成为实现农村现代化乃至中国现代化的有价值的参与者。

以前传统民间故事的传播方式大多是口耳相传，从南到北的传播时间可能需要十几年甚至几十年。在当代，交通的发展将行程从几个月缩短到几个小时，电视及互联网技术的发展更使信息的传播速度提高到前人无法想象的高度，而各种与民俗相关的信息、传说故事以及风俗习惯，其传播速度都相应加快。在此情况下，成人却忽略了对儿童关于乡村民俗的宣传和教育。这就导致乡村文化的经典得不到传承。儿童对于传统的了解仅限于传统知识的堆积，对传统的形成及其意义的理解比较浅薄。

随着乡村社会的变迁，依靠口耳相传的方式将传统乡村文化传承下去已经不可靠。因此，呼吁优秀的传统乡村文化进校园，通过制度化的学校教育对乡村儿童进行传统文化教育。其优势在于：1.学校教育更加系统，可以加强乡村儿童对乡村传统文化意义的理解，从而内化于心；2.学校教育可以通过多种形式对乡村儿童进行传统文化教育，提高乡村儿童对乡村文化的兴趣。

总之，要继续加强农村思想道德建设，传承发展提升农村优秀传统文化，培育文明乡风、良好家风、淳朴民风，提升农民精神风貌，提高乡村社会文明程度，焕发乡村文明新气象。

二、重建乡土文化，焕发泥土芬芳

文化是每个时代精神的精华。乡土文化是乡村人民的精神支柱，是他们精神生活赖以生存的土壤。乡土文化中包含着丰富的发生在这片土地上的故事，承载着不同时代乡民的喜怒哀乐，更展现了大众的智慧。作为世代生长在这片土地上的大众，不仅有义务将其传承和创新，更要有能力和自信让儿童认可它、爱上它。

乡土文化中包含乡村独特的自然生态观、建立在这种生态之上的劳作方式以及相对稳定的乡村生活中的民间故事、文化与情感的交流。这是一种天然的旨趣，是一种生态的文化。随着全球化、城镇化、现代化进程的加快，传统乡村的生活方式发生了巨大变化，乡土文化逐渐式微，对乡村儿童的影响也逐渐降低。为此，重新焕发泥土芬芳，重建乡土文化至关重要。

要保存乡村的乡土味道和泥土芬芳，坚守土地情怀和根土精神，守住生态环境的底线，在基础设施和信息网络建设等乡村互联互通工程的推进中，要将乡村建设得更像乡村，让乡村宜居风貌和生态环境显著区别于城镇，在乡村中"看得见山水""记得住乡愁"，综合培育乡村的文化认同、生态永续、文化保育、生活品质提升及产业振兴。同时，积极发扬乡村的基层民主，自上而下的引导和自下而上的推进相结合，培养乡村文化类的社会企业和新时代的新乡绅。通过文化立乡的系列措施，推动建设富有乡村特色和现代活力的绿色生活、乐活生活和有机生活，构建中国乡村特色的美好生活新模式。

保护与抢救乡土文化是功在当代、利在千秋的善举。要重建乡土文化，需摒弃现代市场经济的游戏规则，强化传统的礼仪、习俗、道德规范和有价值的村落文化等观念层面的乡土文化，建设和完善必要的文化设施。随着年长者的逐渐逝去，知晓乡土文化的人越来越少。因此，政府应积极呼吁乡村精英参与乡土文化建设，通过一定的优惠政策吸引已经退休的在城市工作的知识分子回乡继续发光发热，让他们老有所为。

纵观"80后""90后"和"00后"乡村儿童精神生活的变迁，可见即使在贫穷落后的年代，儿童的精神生活依然健康、快乐，这可以归功于大自然的馈赠。与大自然的亲密接触，使儿童可以在自在、绿色的环境中释放自我，享受泥土的芳香；而随着现代化进程的加快，各种各样的娱乐方式代替了传统的具有乡土气息的游戏活动。科技的飞速发展和产品的更新换代，正在向我们炫耀着人类的超能力与高智商，宣示着人至高无上的地位。人类正在阔步迈向"美好的时代"。在那里，人是所有事物的主宰者，享受着高科技带来的便利，体验着虚幻游戏制造的欢乐，品味着速食时代结出的美食……在极力标榜自由的今天，社会中的人从未意识到自己无时无刻不在为技术的进步所控制、牵引，并深陷其中不能自拔。这提醒我们，在一味地向科技靠拢的同时，不要忘了回首脚下的泥土，那里承载着我们儿时的梦想和精神家园，孕育了真实的自我，饱含着大自然的关怀！

第二节　基于乡村教化：提高乡村村民素质，重视非制度化教育的作用

在我国，乡村教化的源头可以追溯到原始社会。作为一种实践活动，乡村教化是一种非制度化的教育，与制度化的乡村教育形成互补。对于乡村儿童的精神成长而言，乡村村民的潜移默化以及乡村民俗的教化作用明显。

一、提高乡村村民的素质

提高乡村文明程度根本上要提高村民的文明程度。因为，村民为乡

村儿童营造精神成长的客观环境，是乡村儿童精神成长中的"重要他人"。乡村儿童的父母、亲人若是掌握了充分的知识文化、科学技术，管理着一方良田，而不是不懂农业，仅为生计种着解决自家温饱的土地，那么，乡村儿童可能不会像现在这般嫌农、厌农。乡村的环境、村民的素养对乡村儿童的精神成长起着潜移默化的作用。为让乡村儿童正确看待农田、爱上农田，需要进一步改善乡村文化氛围，最重要的是提高村民的素质。

（一）提高村民的思想道德素质

人的本质不是单个人所固有的抽象物，在其现实性上，它是一切社会关系的总和。道德素质是人之为人的根本。一个人的道德素质不仅支配着自我的社会行为，体现自我的价值观念，还会影响他人道德观念的确立。费孝通先生把中国传统的乡土社会描述为"礼治社会"，"礼"是一种从古延续至今的传统，是在乡土社会中人人认可并遵守的规范。它约束着个体的行为，又规范着个体的思想。但它不是借助外在的权力进行维持的，而是从内对人进行教化。当前西方价值观念的闯入，打破了人人遵循的礼法传统，行为标准不再具有约束效力，出现了集体主义观念淡薄、个人享乐主义盛行等现象，乡土社会面临支离破碎的局面。因此，提高村民的思想道德素质，维护乡土社会的传统根基尤为重要。

加强社会主义核心价值观的传播，发挥村干部、宣传队的引领作用，对村民进行文化宣传和教育普及具有重要意义。各村可以通过开展文明创建活动，加强乡村精神文明建设；通过创建文明村镇、文明家庭，推进农民思想道德、家庭美德、个人品德教育和法制教育，增强农民的诚信意识、环保意识、公德意识、仁爱意识，引导农民崇尚科学、抵制迷信、移风易俗、破除陋习，形成文明向上的社会风气。在这种积极健康向上的乡村文化氛围中，儿童感受到的将不再是冲突和矛盾，而是东西方文明的和谐相处。这其中既有对古老文明的批判继承与创新，又有对外来文化的开放与包容。

（二）提高村民的科技文化素质

在科技飞速发展的现代，一国的综合国力在很大程度上体现在科技软实力方面。随着全球化进程的加快，我国对人才的科技文化素质与能力提出了更高要求。自古以农业为生的乡土社会也被迫加入了国际化列车中。农耕工具的改进、反季节作物的种植以及作物管理的方便化等都是科技进步的结果。这大大缩短了村民的劳动时间，增加了农作物的产量。同时，村民也有了更多的闲暇时间。如何充分利用闲暇时间，充实村民的大脑，提高他们的科技文化素质，保证他们在全球化的浪潮中不被淘汰，是一个值得重视的问题。

村干部要充分认识到村民的主体地位，重视村民素质的提升。提升村民素质，应充分调动村民的主动性，挖掘科技文化素质较高的村民，树立榜样，发挥榜样的引领作用。政府应加强农村专业合作社建设，通过合作社有组织有计划地提高村民科技文化素质。村民素质的提升是一个长期的过程，需要有长远的规划、坚韧的毅力以及成功的决心。一是应做好调查研究，深入乡村，科学考察，了解乡村的真实现状和村民的迫切需求。二是对农民进行免费的实用技术培训。建设新农村，要让新农民"掌握2～3门科技知识"，如种植业、养殖业、加工业、建筑业等。由于农民本身的文化水平不高，应为他们编写通俗易懂、趣味性强和可操作性强的科技读本，使每个农民都能读得懂、学得会。三是加强计算机、网络等现代化设施的投入，增加对农村文化事业的投入，加强村镇文化馆、图书馆和文化站、文化室等公共文化设施建设，优化农村书屋的配置，切实满足乡村科技文化生活的需要，鼓励和支持农民开展业余文化体育活动。科学技术的扶持一是要落到实处、见到实效，要明显提高村民科学管理农业的水平，提高农作物的产量和质量，增加村民的经济收入；同时，还要开阔村民的视野，帮助村民开展多种副业；帮助村民通过互联网等渠道及时掌握市场信息，成为懂技术、会操作的新型农民。文化事业的开展，可以充实大多数人的闲暇时间，丰富他们的大脑，开阔他们的眼界，从而从整体上提升村民的文化素质。

乡村文明影响着乡村儿童的身心发展，左右着乡村儿童的价值判断和行为选择，决定着乡村儿童的精神风貌。当前，在新农村建设之路上，不少乡村为了尽快解决物质脱贫而忽略了人精神的成长和素质的提升。乡村儿童长期在这种缺乏精神引领的环境下成长，很容易会歪曲自己的理想、信念。乡村儿童的嫌土、厌土情绪深受乡村社会成人的影响。只有让整个乡村继续焕发泥土芬芳，才能改变这样的局面。因此，要加强乡村精神文明建设，提高乡村儿童的精神生活质量。为更好地促进乡村儿童的精神成长，需将乡村建设成"生产发展、生活宽裕、乡风文明、村容整洁、管理民主"的新农村。除此之外，培养村民的科技、文化素养，村委、村民应首先担负起守护这片田园的责任。只有这样，乡村儿童才会产生身份认同，从心里真正热爱足下的这片土地。

二、发挥乡村民俗的教化作用

乡村民俗多为先民处世经验的总结与智慧结晶，直接或间接地体现了人生信条和行为规范，反映了忠孝廉节、仁义礼智信为主体的传统社会价值观，既是乡村文化的重要组成部分，也是乡村非制度化教育的主要内容。

首先，乡村民俗是学校教育的补充，儿童日常生活的规范。如：前述所讲到的山歌、儿歌、谜语、说唱等在一定程度上扩充了儿童的生活、历史常识，弥补了课堂教学的不足。

其次，乡村民俗是法律法规的延伸，道德教化的载体。"乡村民俗具有规范民众思想与行为的作用，贯穿于民众实际社会生活的方方面面。"传统的乡村社会是"熟人社会"，人与人之间通过约定俗成的道德习惯和行为准则处事。长期以来，这些道德习惯和行为准则就形成了相应的民俗，变成了一种内化于心的自觉行为范式，像一只无形的手制约着人们的思想，约束着人们的行为。自出身以来就受民俗耳濡目染之影响并参与其中的乡村儿童来说，民俗起到了非常重要的道德教化功能。参与民俗活动则是主要的途径。

再次，乡村民俗是社会角色的形塑，儿童成长的过渡。形塑社会角色是乡村社会非制度化教育的一项重要功能，通过民俗礼仪强调君臣、父子人伦秩序，以及获得职业、性别等角色认同。如：在乡村社会众多烦琐的风俗中，成人礼是一种对儿童成长有重要意义的过渡性民俗礼仪。

总之，在乡村儿童精神成长中，乡村村民的潜移默化和乡村民俗的教化作用明显。为保障乡村儿童精神生活的健康，应不断提高乡村村民的素质，积极发挥乡村传统优秀民俗的教化作用。

第三节　基于乡村教育：培养健康的乡村儿童

乡村社会的变迁并不是乡村儿童精神生活变迁的唯一因素。乡村教育的缺位也是至关重要的一个因素。儿童的精神成长有着其自身的规律，但是这并不意味着可以不加干涉。我们认为，儿童的精神成长需要成人的引导。这种引导既不是强加也不是抑制，而是创设一定的环境，为儿童进一步的学习、练习等提供条件，提高儿童自身的主观能动性。

乡村教育的质量看乡村教师。乡村教师是乡村唯一一个专业的知识分子群体，事关乡村的兴衰和乡村儿童的健康成长。在乡村，教师是乡村儿童精神生活的守护者，在乡村社会中拥有独特的地位，他们积极参与乡村教育与经济建设，其价值获得了广泛的社会认同，从而也使自己具有了崇高的社会地位与文化凝聚力。德国存在主义哲学家雅斯贝尔斯说过："教育意味着一棵树摇动另一棵树，一朵云推动另一朵云，一个灵魂唤醒另一个灵魂。"在每个人的成长中，教师都起着关键性的作用。从乡村教师的历史使命和当前儿童的精神状态来看，乡村教师理应担负起培养下一代的责任。在乡村，这是保护儿童精神成长的最后一道防线。在进一步提高乡村儿童精神生活的质量，促进其精神健康成长上，教师责任重大。当前，乡村教师可以通过领读以增长知识、谈心以疏导心理、榜样示范以规范道德等方面来引领乡村儿童的精神生活，促进其精神健康成长。

一、领读者：丰富乡村儿童的阅读文化生活

我们总是在说一个人现在的气质里，藏着年轻时走过的路、读过的书和看过的风景。古人云："腹有诗书气自华"，"读万卷书，行万里路"。阅读，已不仅仅是知识的积累，更是一种经过时间累积渗透进骨子里的精神。在阅读的过程中，我们不仅能知晓中国上下五千年，感叹历史的变迁；而且领略英雄先烈们的悲壮事迹，敬重他们的傲骨；此外，还能洞悉不同文明的风土人情，世界各地的名胜古迹和美食等。阅读能为生命描绘五颜六色的图案，而这种习惯的形成在儿童时期尤为重要。"一个人的精神发育史，很大程度上取决于儿童时期的阅读史。"[1]

阅读对于儿童精神成长有重要意义，已经为各国所重视。1972年，联合国教科文组织向全世界发出了"走向阅读社会"的号召；1995年，为推动更多人阅读和写作，正式确定每年4月23日为"世界图书与版权日"。中国是具有悠久历史的文明古国，自古以来就非常重视儿童阅读。"读书百遍，其义自见""书中自有黄金屋，书中自有颜如玉"等都体现了古人对阅读的情有独钟。在科技高度发达的当今社会，个体获取知识

---

[1] 余皓明：《秋丽新著雨雏凤朗朗音——童书阅读十年回顾》，《编辑之友》2012年第1期，第34页。

的方式多种多样，但阅读仍是一条非常重要的途径。在过去的二三十年里，我国政府开展了一系列活动促进儿童阅读，包括1993年全国妇联发起的青少年爱国主义读书活动；1998年由共青团中央联合各部委共同发起的中国青少年新世纪读书计划；中央宣传部、中央文明办和新闻出版总署联合开展的"全民阅读"活动……由此可见，教育专家已形成共识："阅读是一种精神活动"[①]，"培养儿童阅读习惯，增加阅读时间和阅读量。90%以上的儿童每年至少阅读一本图书"[②]。

目前，乡村儿童的阅读质量堪忧。相关调查显示，教师对于乡村儿童阅读的指导呈现"说起来重要，做起来次要，忙起来不要"[③]的状况。"只有16%的儿童课外阅读就是单纯的娱乐……最应该倡导阅读的学校和家庭由于对学习成绩的追逐，除了为提高作文成绩，对儿童的课外阅读并不做要求和督促。"[④]由于当前农村发展的特殊性，在农村儿童中推广阅读显得尤为重要。通过阅读，可以开阔乡村儿童的视野，净化乡村儿童的心灵，帮助其树立远大的理想，并在潜移默化中帮助其塑造良好的人格和品德。

教师推广阅读，责无旁贷。乡村儿童阅读依赖于教师。教师当好领读人需要做到如下几个方面。首先，要做真正爱阅读的领读者。教师作为学生眼中最富有知识的文化人，需不断充实自己。一位教育工作者，不仅要具备专业的学科知识，还应该博览群书，形成自己的知识库。在为儿童传播专业知识的同时，还能帮助儿童塑造美好心灵和优良品格。在长年累月的积累过程中，教师可以从中获得教学经验，从而在现实中

---

① 王泉根：《教师发展论坛——新世纪十年"儿童阅读运动"综论》，《师资建设》2011年第7期，第21页。

②《中国儿童发展纲要（2011—2020年）》。

③ 张芳娟：《农村儿童阅读问题探析》，《大学图书情报学刊》2012年第6期，第71页。

④ 李欣业、蒋伟、付军：《图书馆对农村儿童阅读现状调查及阅读推广》，《黑龙江史志》2014年第7期，第281页。

灵活应对教学中的突发事件。阅读可以增强教师的人格魅力，与众不同的气质很容易让其成为儿童崇拜和追随的对象。其次，要做会选书的领读者。所谓好书，即适合不同年龄段乡村儿童的书。书的类型多种多样，如何在广阔的书海中选择出适合儿童的书则显得尤其重要。选书是乡村教师做好领读者要解决的核心问题。通常教师需要了解儿童的爱好兴趣，掌握儿童的心理发展阶段特征；还可以与家长进行沟通合作，共同为儿童选择合适的读物，监督儿童的阅读进程。另外，对于选择的书籍，教师要首先阅读，进一步明确内容是否适合儿童。这就要求教师在向学生推荐书籍前，自己需要进行大量的前期准备工作。最后，要做有协助能力的领读者。帮助儿童掌握阅读技巧，领悟阅读魅力。在阅读过程中，由于各种原因，儿童可能会中途放弃阅读。这时，教师需要向儿童传授阅读的技巧，让儿童爱上阅读，让阅读成为一种习惯。

当前，乡村阅读资源较为匮乏。相关资料显示，"70%的农村小读者只拥有20%的儿童读物"[1]，国内出版的儿童读物，有近九成集中在城镇家庭、儿童手中。乡村孩子缺乏课外读物，主要表现为：一是书的配备参差不齐，没有根据实际需要进行采购；二是书的来源单一，政府采购经费不足等，导致采购量不足；三是在教育部门定期检查的情况下，老师在使用图书时比较谨慎和保守，怕破损；四是乡村孩子在家庭中没有亲子阅读的基础，如果在学校没有老师的引导，就更不会读书。[2]

对于任何人而言，阅读最大的好处在于：它让求知的人从中获知，让无知的人变得有知。阅读是一种力量，能够让我们摆脱平庸。

教师必须拿人类文化最优秀的知识来滋养学生的高尚品格，丰富学

---

[1] 刘珊：《经济欠发达农村地区儿童阅读推广策略研究》，《高教学刊》2015年第16期，第39页。

[2] 《关爱乡村儿童最美的"礼物"是阅读与陪伴》，http://csgy.rmzxb.com.cn/c/2016-08-16/979382.shtml。

生的精神生活。从书籍的构成来说，书籍是人类家园的物质载体，只有在阅读经典的过程中，不断激发我们的思维，才能在思维分享的过程中深化我们的思想，从而构建我们的精神家园。

如今，乡村新建了不少"留守儿童书屋"，旨在通过阅读充实留守儿童的精神生活，这是乡村儿童阅读质量提升的新机遇，但仍存在"有书无人，有人无书"的资源分配等方面的问题。但愿乡村教师，能带领学生"读万卷书，行万里路"，促使学生养成阅读的好习惯。如此，学生就会掌握从多角度思考问题、解决问题的本领，更有利于成长为一名人格健全的有学识、有担当、有作为、有竞争力的人。

二、解惑者——通过谈心疏导儿童的心理问题

联合国世界卫生组织（WHO）对健康的新定义是：健康不仅指没有疾病或躯体正常，还要有生理、心理和社会适应方面的完满状态。随着农村经济的发展，医疗卫生水平得到提高，乡村儿童的健康问题也主要体现在心理方面。

谈心，是温暖乡村儿童、疏导乡村儿童心理问题的重要途径。

首先，谈心是一种情感关怀的体现，满足了学生的情感需要。谈心的初衷是了解儿童内心的困惑，进而帮助其走出阴霾。师生之间面对面的交谈，可以拉近彼此之间的距离，有利于解除学生对教师的戒备心理。身体是个体存在于世的物理展现，担负着个体的灵魂与尊严。人具有两种属性，一是作为个体的人，二是作为社会的人，两者是不可分离的。人不可能像鲁滨逊那样与社会生活隔绝，无忧无虑的存在，或许那样的人只存在童话世界里。但现实中，孤立的人并不存在。人生活在社会中，是社会中的人，需要通过与他人打交道，来分享一切美好的事物，包括情感。如果人与人之间的交往在第一阶段，即面对面的交谈就被隔绝了，那么这意味着他者主动疏离了个体，使得个体不被他者接

受，进而边缘化。师生之间的谈心，在肢体上体现为教师对儿童的亲近，而非排斥。这种肢体上的接纳，直接改善了儿童的心理状态，利于儿童敞开心扉，向教师吐露真实的心声。

其次，谈心是自我认同形成的一种方式。个体自我认同的形成来自他者对自我价值和权利的肯定，他人的认可可以促进个体自尊心和自信心的建立，进而达到自我认同。如果没有得到他者的认可与尊重，个体无法获得自豪感，就会对自我的差异进行质疑，甚至自我否定，形成消极的心态。来自他者的贬低，将不利于个体在共同体中的处境，个体进而极有可能沦为缺乏自信的"沉默者"。师生在谈心的过程中，如果儿童接收到来自教师的肯定信号，那么他会对自我进行重新定位，更有自信地面对自己和教师。此时，儿童对于教师的排斥或恐惧感将慢慢消失，从而平等自在地与教师进行沟通。

总之，在谈心的过程中，教师应时刻注意自己的言行，尽量避免使用易引发儿童激烈情绪的词语，更多地运用温和的语言，放低姿态，以朋友的身份做一个倾听者，对儿童进行耐心的开导，适时地给予鼓励和认可。针对学生存在的不同问题，教师需要灵活运用多种谈心方式予以解决，常见的方式主要有直接切入式、真情感化式、换位思考式以及现身说法式等。这既有利于建立良好的师生关系，又可以促进教师教学智慧的形成。

三、示范者——通过道德榜样的力量引领儿童的心灵生活

自古希腊以来，人类对于道德的追寻从未停止过。苏格拉底认为教育的首要任务就是培养道德，提出了"美德即知识"的主张，并指出了人应具备的四种美德：智慧、正义、勇敢、节制。柏拉图和亚里士多德对其进行了继承。到了18世纪中叶，亚当·斯密出版了他的伦理学名著《道德情操论》，着重强调同情共感对处理人际关系的重要性。作

为拥有古老文明的礼仪之邦，我们的先辈们更是强调道德对人精神发展的意义。孔子以"文、行、忠、信"教育学生，主张"行有余力，则以学文"，即首先要求做一个品行符合道德标准的社会成员，其次才是学习文化知识，并且把"仁"和"礼"作为道德教育的主要内容。孟子在此基础上，提出了"五伦"道德规范，以此达到"明人伦"的教育目的。新文化运动之后，西方文化的引入扩大了公民道德的范畴，增加了自由、平等的内容。时至今日，我国依然将公民道德的养成放在重要位置，依据新时代的特征和要求，提出了社会主义核心价值观。儿童品格的形成，除了道德知识的积累，还需要借助榜样的力量，引导儿童在现实生活中实践善的理念。

在现代文明的冲击下，乡村传统伦理、观念、习俗和秩序逐渐瓦解，新的规范还未形成，这些对乡村儿童的精神成长产生了深刻的影响。由于缺乏亲情陪伴和有效的社会支持，很多乡村儿童尤其是留守儿童出现了信仰缺失、方向迷失等诸多问题，严重影响了他们的精神健康。可以说，当前的乡村儿童精神生活状况堪忧，道德出现滑坡。教师作为乡村为数不多的知识分子之一，理应成为乡村儿童的榜样。"学高为师，身正为范。"教师在学生面前必须成为规范的守护者、文明的引领者。为此，教师作为乡村儿童精神成长可靠的守护者，必须充分认识到自身的责任，同时掌握有效的策略和方法。

首先，教师要为学生呈现不同时代和行业的道德榜样。有的学者这样定义道德榜样："道德榜样是在道德实践中产生的、具有肯定意义的现实生活中的典型，是能够使人产生美感的崇高形象，是内在的善品和外在的善行的统一，是'诚于中而形于外'的正面人物的风范。"[1]可以看出，道德榜样出自现实生活，其行为符合当时的主流价值观，能够最

---

① 张岚：《论道德榜样对大学生道德发展的影响》，《学校党建与思想教育》2016年第2期，第24页。

大程度上保障人民群众的权益，传递社会正能量，并具有可模仿性。当前随着西方文化的渗透，人们对于外来文化过分崇拜，导致本土道德伦理逐渐衰落。而外来文化也出现"水土不服"，一些道德标准与本土传统观念产生冲突，人们的道德行为出现双重评判标准，甚至自相矛盾。这种混乱的局面对于处在价值观形成初期的儿童来讲尤为不利。此时，教师需要帮助儿童重新温习不同时代道德榜样的故事，古为今用，帮助儿童形成正确的道德认识，践行道德观念，提高精神境界。

其次，教师要身体力行，努力成为儿童的道德榜样。教师作为学校场域中的重要他者，对儿童的言行具有重大的影响作用。在家庭中，父母是孩子模仿的目标；而在学校中，学生模仿的对象则变成了教师。有调查显示，小学阶段的学生对教师有较强的崇拜感和服从意识。因此，教师应注意自己的言行举止，争取为儿童树立榜样。这就要求教师在陪同儿童学习道德榜样的同时，也身体力行，时刻检讨自己的行为是否符合道德榜样的标准，在不断调整行为和认识的过程中，成长为一名合格的道德榜样。

教育对人的精神成长起一定的引领作用。"00后"乡村儿童普遍认为只有教育才能让自己走出农村，改变自己的命运。教育是文化传递最重要的途径和方法，其根本目的在于培养人。"在技术理性主宰的现代文明中，儿童教育对于童心的呵护从根本上而言就是在履行重塑人文价值的文化使命。"[①]目前，我国乡村儿童的教育问题受到了前所未有的关注，作为一种促进儿童精神成长的积极性因素——教育，正发挥着越来越大的作用。

---

① 丁海东：《儿童精神特质的人文解读——文化二维论视野下的儿童精神》，《学前教育研究》2009年第9期，第13页。

"发展乡村教育，守护乡村儿童，乡村教师是关键。"[1]要夯实乡村教育，避免乡村儿童的精神生活在社会变迁的影响下越走越远。教育是文化传递最重要的途径和方法，对人的精神成长起引领作用。社会变迁导致乡村儿童对传统的是非善恶观念产生了怀疑，而学校教育、家庭教育的缺位，致使乡村儿童未能及时解决价值观矛盾和信仰迷失的问题，所以其精神生活越来越偏离应有的方向，导致"异化"。目前，学校教育应帮助乡村儿童建立现代性核心价值观，树立正确的人生观；多渠道组织积极多样的精神生活，引导儿童形成健康的精神文化。

第四节　基于人文关怀：给予乡村儿童精神生活的温度

在B村受访的15位"00后"小学生中，有8位学生的父母都外出打工，其他7位学生的父母至少有一位（主要是父亲）外出打工，另一位留在家里边照顾孩子边干点临时工以补贴家用。在整个社会环境的大背景下，我国大多数的农村都存在这种情况，农村依然处于边缘地带。物质生活可以贫乏，但精神生活不能贫瘠，乡村儿童的精神成长需要特别的人文关怀。

一、构筑爱的现实世界

构筑爱的现实世界，改善乡村儿童的精神生活，这不是宏大的关爱体制问题，而是微观的情感关怀。"只要人人都献出一份爱，世界将变成美好的明天。"父母、师者以及社会各界，都应各司其职，让乡村儿童感受到亲情、友情和关爱。

亲情是儿童生活中的重要精神支柱。根据杨聪敏的研究，改革开放以

---

[1] 程方平：《如萤火，虽微却灿——向照亮乡村儿童未来的教师们致敬——乡村教师是教育的基石》，《师资建设》2016年第1期，第32页。

来的三十年里，农民的流动分为三个阶段：允许流动阶段（1984～1993）、限制性流动阶段（1994～1999）和流动的开放阶段（2000～2008）[①]。对应这三个不同的阶段，乡村中出现了大量的留守儿童。留守儿童一般会交给爷爷奶奶隔代抚养或亲朋好友代为监护，这使得乡村儿童长期缺乏父爱、母爱，以至于影响其个人的精神健康成长。这部分儿童，既要面对家庭经济贫困的客观因素（如果不是为了解决贫困问题，父母也不至于背井离乡），同时又要承担对父母的思念之苦。为了能给这部分孩子及时做到心理疏导，教师应对这部分孩子重点关注和引导。留守儿童教师可通过网络工具定期和他们的父母沟通孩子的在校情况。同时，教育主管部门可对留守儿童比较集中的学校开设家长课堂，指导留守儿童父母如何给孩子关心关爱，如何通过现代化手段与孩子进行交流沟通。家长课堂可以在逢年过节家长集中返乡的时候开设，也可以通过QQ、微信、CCTALK等网络开设远程家长课。网络时代，沟通交流的工具非常多，一部智能手机就能将远在千里之外的人连接在一起。学校可通过家长课将现代化沟通工具的使用方法教给留守儿童父母，以使其可以通过网络更好地了解孩子的情况，给予孩子应有的父母之爱。留守儿童父母应常和孩子沟通交流，及时了解孩子的心理变化，适时给孩子提供心理支持，逢年过节尽可能回家和子女团聚，让孩子感受到父母的关爱和家的温暖。

"同伴关系对儿童青少年的社会性和情感发展具有独特的、成人不可替代的贡献。"[②]乡村儿童精神生活中的游戏生活、民俗生活、文艺生活都有着建立和维系同伴友情的功能。研究表明："同伴接纳能够显著

---

① 杨聪敏：《改革开放以来农民工流动规模考察》，《探索》2009年第4期，第132～133页。

② 邹泓、周晖、周燕：《中学生友谊、友谊质量与同伴接纳的关系》，《北京师范大学学报》（社会科学版）1998年第1期，第43页。

降低儿童的孤独感……对儿童的亲情缺失具有补偿作用。"①可是，城镇化建设进程的加速，使乡村儿童的数量日益减少，乡村儿童越来越缺乏同伴，这使得同伴友谊也非常稀缺。这也进一步验证了"00后"宁愿去上补习班也不愿意待在家里过周末的事实。

B村一位80后说："我们村里只要家里有点钱的或者在附近城镇打工的，都想办法把孩子送到镇上上学。留在村里的孩子越来越少，很难找到一起玩耍的小伙伴。比起我们小的时候我觉得他们更可怜。"

学校、班级是乡村儿童同伴团体的主要聚集地，学校应采取措施，鼓励教师可尽可能地组织集体活动，让儿童能有机会在群体中建立与其他儿童的友情。乡村儿童社会关爱服务绝不是开展一次活动、搞一次帮扶就可以的，而应该是一个需要长期履行的社会责任和义务。教育部门应加强农村学校教师队伍建设，提高教育质量，改善乡村儿童关爱和服务软实力；妇联、团委和关工委等部门应发挥各自优势，组织协调社会资源，为乡村儿童创造更好的成长环境，为乡村教师和乡村儿童提供更多支持；教育、财政等部门应继续加强乡村少年宫的软硬件建设，提高乡村少年宫的开放率，提升乡村少年宫的配置水平，使其更好地满足乡村少年儿童成长的需要；乡镇政府和村委应加强基础设施建设，保障乡村儿童关爱和服务的硬件条件。

中国传统文化强调以大局为重的思想观念，形成了中国人以集体主义精神为核心的文化价值观并维系着以"熟人社会"为基础的乡村世界，但发展为信息社会以后，应接不暇的多元文化冲击使这种以道德和共同价值观为维系纽带的乡村传统文化秩序逐渐走向消解、衰落，甚至崩塌。丧失了统一的文化权威，对身处其中的乡村儿童的直接影响就是在无序的乡村文化格局中走向迷茫，成为"无根"之人。由于缺乏父母等

---

① 赵景欣、刘霞、张文新：《同伴拒绝、同伴接纳与农村留守儿童的心理适应：亲子亲合与逆境信念的作用》，《心理学报》2013年第7期，第797页。

直系亲人的关爱和引导，这种影响在留守儿童身上表现得尤为明显。所以，关爱乡村儿童，给予其适当的情感关怀，是帮助其建立健康精神生活的基本前提。

当儿童在家有父母的爱，在学校有同伴的友谊，在社会有成人的关爱时，儿童的现实世界一定是温暖的。有爱的现实世界是虚拟的网络世界的补充，同时，也是儿童身心健康发展的必要元素。

二、在科技发展中勿忘重要的人文关怀

当下的乡村儿童作为乡村社会中的年轻一代，在接受着科技进步所带来的现代化信息洗礼的同时，是否还能接受固有的乡土文化氛围的熏染？身在其中的乡村儿童既有文明的碰撞，又内含着某些价值观念的相悖；既有知识的拓展，又存在着道德规范的冲突。这种境况的存在严重影响了乡村儿童正确价值观的确立，阻碍其身心的健康发展。如何协调两种文明的关系，促其相互融合，共同促进乡村儿童健康快乐成长，成为构建儿童精神生活的核心问题。

科技就是探索事物的规律，是"求真"；人文是把握科学技术的方向，是"求善"。真和善本身，一直是人们的终极追求。在科技飞速发展的现代化环境下，人文精神的培养是解决方向问题、价值观问题的重要途径。科技精神与人文精神的结合才能产生最佳效应，推动社会的可持续发展，更好地造福人类。

置身于科技理性所主宰的现代文明中，数字化、网络化与电子化越来越成为这个时代的标志，"高技术、求实效、快节奏"的市场化竞争已经成为现代人生存的基本方式。今天的孩子已越来越难拥有无忧无虑的童年，他们的精神与生活越来越远离自然、游戏、童话、梦想与诗意。"童年消逝"的生态性危机不仅仅是童年的人文祛魅，更是整个人类社会人文意义的缺失与空位。恰如有学者指出的："当小朋友们在电视屏幕

上异口同声地说看动画片是为了'受教育'时……重要的不是反对媒介新技术，而是要在我们的文化和教育中发展和捍卫童年概念。"①现代儿童教育呵护童心世界、捍卫童年文化、回归儿童生活的价值诉求，在其微观的操作层面上就是在课程实施的所有环节中自由释放与充分表达儿童的人文性精神，让儿童原始的天性、生命的激情、浪漫的梦幻、自由的创造在教育教学过程中得到充溢、涌动和跳跃。在其根本的意义上，这是现代人类文化克服技术理性和唯科学主义之积弊，在教育场域中复归和重建人文价值的反映。儿童的精神特质内在地同文化的人文取向与品性保持一致，也自在地成为孕育和培植人类和谐文化的精神母体。

　　总之，提倡对乡村儿童的人文关怀应该是具有现代科学意识的人文关怀，提倡科学技术发展应该以高度重视人文精神意蕴为前提。

---

① 卜卫:《大众媒介对儿童的影响》，新华出版社2002年版，第47～48页。

结　语

　　中国是一个以乡村为本的国家。传统的乡村文化——淳朴、善良，曾经是令人骄傲、自豪的"亮点"。近年来，我国乡村文化受到了西方文化和城市文化的冲击，导致乡村文化内部产生了矛盾。

　　乡村文化存与亡的斗争并没有结束。中国传统的乡村文化经过了几千年的积淀，不是说结束就能结束的。任何一种文化都不可能在一种封闭的环境中自给自足，交流与传播是文化的基本特性。而且我们需要对乡村文化进行辩证地看待。为了进一步突出我国乡村文化传统中的精华，吸取其他文化中的优秀成分，让村民实实在在地受益，必须对乡村文化进行建构，建构以传统文化为基础的新型乡村文化体系。但是，乡村文化的建构恰恰是村民以及走出来的村民自己的事情，而不是没有乡村之根的"外人"要建的空中楼阁。

　　文化是儿童成为特定社会人的土壤。只有在文化的世界中，儿童才会成为社会人。一代又一代的乡村儿童在乡村文化中成长，他们的精神深受乡村文化的影响。在乡村文化中，民间游戏、民风民俗和休闲娱乐是乡村儿童精神生活的主要来源。

　　乡土的失落使20世纪相当一部分中国文人失却了生命中最原初的出发地，同时也意味着失落了心灵的故乡，从而成为瞿秋白在《鲁迅杂感选集》序言中所概括的"薄海民"（Bohemian）。在瞿秋白眼里，以郭沫若为代表的在中国城市里迅速积聚着的各种"薄海民",由于丧失了与农村和土地的联系,而丧失了生命的栖息地。正如诗人何其芳在20世纪30年代创作的《柏林》中对昔日故乡"乐土"失却的喟叹:

> 我昔自以为有一片乐土,
>
> 藏之记忆里最幽暗的角落。
>
> 从此始感到一种成人的寂寞,
>
> 更喜欢梦中道路的迷离。

所谓"成人的寂寞",即是丧失了童年乐土的寂寞。从此,"梦中道路"替代了昔日的田园,而以何其芳、戴望舒为代表的20世纪30年代一批都市"现代派"青年诗人,也由此成为一代永远"在路上"的寻梦者。

儿童的精神生活受周围环境、文化的影响,孟母三迁的故事说明了这个道理。但当今社会的整体环境均已被同化,作为父母已经无处可迁。作为教育者、家长,并不是一定要寻找一个与世隔绝的环境,而是要在现有的基础上为儿童营造一个良好的氛围,引导、陪伴儿童的精神成长。儿童的精神追求离不开成人的帮助。这种帮助,既不是强加也不是制止,而是一种善意的引导。作为儿童的守护者,成人应陪儿童过好快乐的童年,帮助其在游戏中形成自然性、自由性和创造性的精神意蕴。

精神生活的重建,不应仅局限在农村的儿童世界,而应该是整个社会的重建。如果我们不把城市和乡村关联起来,仅仅在农村内部寻求局部的解决,那么这种努力根本是无效的。

儿童时期,是一个人一生中最无法忘记的一段美好时光,是值得永远回味的时光,是人生中最能孕育梦想的一段时期。不管是哪个年代的乡村儿童,他们的童心都是一样的。"80后"乡村儿童给人的印象是老土,他们的物质生活贫乏,精神生活似乎受到了限制。但是,物质生活上的贫乏并没有让"80后"屈服。在本书中,亦纠正了一种偏见——即使是最贫穷的农村的儿童，他们也有充分的条件和机会享受童年的快乐。

也许，他们没有钱买书、买玩具，但是，这并不妨碍他们对生活的热爱和享受生活的乐趣。但是，值得关注的是，如何让乡村儿童在逐渐长大的过程中，不断增长的精神需要得到满足这一问题。这可能仅仅依靠农村内部机制是无法解决和实现的，需要更多的社会人士和机构伸出援助之手。乡村儿童的精神生活本身并不单调，关键是让乡村儿童的精神根基不断裂。在目前乡村教育逐渐规范化、乡村教师逐渐发挥更大作用的情况下，我们期待着乡村儿童能过一种更健康、快乐、道德的精神生活。

"童年的长度反映一个国家的高度，儿童的境遇反映着一个国家文明的程度。"[1]全社会应齐心协力，为乡村儿童构筑一个可以永远驻足、依托的精神家园。

---

[1] 朱永新：《让乡村儿童不再留守》（建言），《人民日报》2015年11月4日第20版。

参考文献

一、著作类

[1] 费孝通：《乡土中国》，人民出版社，2015。

[2] 刘晓东：《儿童精神哲学》，南京师范大学出版社，2015。

[3] 童世骏：《当代中国人精神生活研究》，经济科学出版社，2009。

[4] 赵汀阳：《论可能生活》，中国人民大学出版社，2009。

[5] ［美］何德兰（Hudson.T）、［英］布朗士（lanche.K）著，王鸿涓译：《孩提时代：两个传教士眼中的中国儿童生活》，金城出版社，2010。

[6] ［瑞士］坦纳著，白锡堃译：《历史人类学导论》，北京大学出版社，2008。

[7] ［美］哈维（Harvey，D）著，阎嘉译：《后现代的状况：对文化变迁之缘起的探究》，商务印书馆，2013。

[8] 王坤庆：《精神与教育——一种教育哲学视角的当代教育反思与建构》，华中师范大学出版社，2014。

[9] 艾莉森·詹姆斯、克里斯·简克斯、艾伦·普劳特著，何芳译：《童年论》，上海社会科学院出版社，2014。

［10］［法］卢梭著，李平沤译：《爱弥儿：论教育》，商务印书馆，1978。

［11］苗雪红：《儿童精神成长论》，上海三联书店，2016。

［12］岑国桢：《青少年主流价值观》，上海教育出版社，2007。

［13］［法］埃里克·迪迪耶著，姜余、严和来译：《儿童精神分析五讲》，福建教育出版社，2013。

［14］［法］菲力浦·阿利埃斯著，沈坚、朱晓罕译：《儿童的世纪——旧制度下的儿童和家庭生活》，北京大学出版社，2013。

［15］蔡昉：《中国流动人口问题》，河南人民出版社，2000。

［16］柯玲：《中国民俗文化》，北京大学出版社，2011。

［17］王跃年、孙青：《百年风俗变迁》，江苏美术出版社，2000。

［18］丁海东：《儿童精神：一种人文的表达》，教育科学出版社，2009。

［19］吴晓蓉、张诗亚：《教育在仪式中进行：摩梭人成年礼的教育人类学分析》，西南师范大学出版社，2002。

［20］朱小蔓：《情感教育论纲》，人民出版社，2007。

［21］黄进：《游戏精神与幼儿教育》，江苏教育出版社，2006。

［22］［德］汉斯-格奥尔格·加达默尔：《真理与方法》，上海译文出版社，2004。

［23］A.S.尼尔著，王克难译：《夏山学校》，京华出版社，2002。

［24］［德］福禄培尔著，孙祖复译：《人的教育》，人民教育出版社，2001。

［25］［荷］J.胡伊青加著，成穷译：《人：游戏者》，贵州人民出版社，1998。

［26］聂振斌：《艺术化生存》，四川人民出版社，1997。

［27］里德（ReadHerbert）：《通过艺术的教育》，湖南美术出版社，1993。

［28］欧力同、张伟：《法兰克福学派研究》，重庆出版社，1990。

［29］［奥地利］西格蒙德·弗洛伊德著，滕守尧译：《性爱与文明》，安徽文艺出版社，1987。

［30］［英］伊劳伦斯著，纪晓林译：《现代教育的起源和发展》，语言学院出版社，1992。

［31］秦元东：《浙江儿童民间游戏：现状与传承》，浙江大学出版社出版，2011。

［32］ArthurHendersonSmith（明恩溥）著，陈午晴、唐军译：《中国的乡村生活：社会学的研究》，电子工业出版社，2016。

［33］喻本伐：《千年民俗文化》，清华大学出版社，2016。

［34］柯玲：《中国民俗文化》，北京大学出版社，2011。

［35］［英］艾伦·普劳特著，华桦译：《童年的未来——对儿童的跨学科研究》，上海社会科学院出版社，2014。

［36］庄孔韶：《银翅：中国的地方社会与文化变迁》，生活·读书·新知三联书店，2016。

［37］［美］威廉·A.科萨罗（WilliamA.Corsaro）著，张蓝予译：《童年社会学》，黑龙江教育出版社，2016。

［38］李富强：《村落的视角：壮族社会文化变迁的个案研究》，民族出版社，2013。

［39］［美］哈维著，阎嘉译：《后现代的状况：对文化变迁之缘起的探究》，商务印书馆，2013。

［40］严既澄：《儿童文学在儿童教育上之价值》，《中国儿童文学大系·理论卷》，希望出版社，1988年。

［41］周作人：《儿童的文学》，《周作人散文全集》，中国广播电视

出版社，1992。

［42］［德］黑格尔，贺麟、王玖兴译：《精神现象学》（上）（下），
　　　人民出版社，2006。

［43］［德］黑格尔，杨祖陶译：《精神哲学》，人民出版社，2006。

［44］［美］劳拉·E.贝克，吴颖、吴荣先译：《儿童发展》，江苏教
　　　育出版社，2002。

［45］［德］罗姆巴赫，王俊译：《作为生活世界的结构——结构存
　　　在论的问题与解答》，上海书店出版社，2009。

［46］［美］H.加德纳，兰金仁译：《艺术与人的发展》，光明日报
　　　出版社，1980。

［47］［美］乔治·H.米德，赵月瑟译：《心灵、自我与社会》，上海
　　　译文出版社，2005。

［48］［美］约翰·杜威，王承绪译：《民主主义与教育》，人民教
　　　育出版社，2001。

［49］［法］让–皮埃尔·内罗杜，张鸿、向征译：《古罗马的儿童》，
　　　广西师范大学出版社，2005。

［50］［意］玛利亚·蒙台梭利著，金晶、孔伟译：《童年的秘密》，
　　　中国发展出版社，2006。

二、论文类

［1］苗雪红：《儿童精神成长研究：意义、取向与多学科视野》，
　　　《华东师范大学学报（教育科学版）》2012年第1期。

［2］何卫青：《消逝的儿童文化——传统儿童游戏引发的儿童文化
　　　思考》，《中国青年研究》2006年第4期。

［3］胡志平：《农村公共服务均等化再解构——由三个角度观照》，
　　　《社会科学家》2011年第8期。

［4］张翼：《农民工"进城落户"意愿与中国近期城镇化道路的选择》，《中国人口科学》2011年第2期。

［5］陆学艺：《社会结构未定型社会流动在加快》，《学习月刊》2011年第1期。

［6］谢宇：《公共管理视野下的新生代农民工基本服务均等化探析》，《青年探索》2010年第3期。

［7］蔡昉：《为什么劳动力流动没有缩小城乡收入差距？》，《产经评论》2006年第6期。

［8］黄祖辉、徐旭初、蒋文华：《中国"三农"问题：分析框架、现实研判和解决思路》，《中国农村经济》2009年第7期。

［9］史明瑛、宁建华：《农民工流动与地区经济发达程度的牵扯》，《改革》2009年第7期。

［10］丁海东：《整体化的儿童精神与早期教育》，《学前教育研究》2007年第5期。

［11］王海英：《试论儿童游戏中的象征资本》，《学前教育研究》2006年第11期。

［12］许央儿：《论幼儿文学接受的游戏性特征》，《学前教育研究》2006年第6期。

［13］吴晓蓉：《教育人类学研究的本土实践》，《教育学报》2009年第6期。

［14］吉标：《中国村落小学的百年兴衰》，《华东师范大学学报》（教育科学版）2012年第4期。

［15］罗红辉：《民间传统儿童游戏的传承与创新》，《学前教育研究》2014年第11期。

［16］丁海东：《论儿童游戏的生活本质》，《山东师范大学学报》（人文社会科学版）2003年第3期。

［17］华金余：《他者与自我：论20世纪中国文艺中的民间文化形态》，《江苏大学学报》（社会科学版）2016年第1期。

［18］焦荣华：《儿童与大自然的关系对儿童教育的启示》，《学前教育研究》2012年第11期。

［19］王康宁、于洪波：《东方文化关于"儿童是谁"的历史先声——〈老子〉儿童观探析》，《学前教育研究》2015年第7期。

［20］胡丽娜：《消亡抑或重构——童年变迁与儿童文学生存危机论》，《文艺争鸣》2011年第17期。

［21］陆益龙：《后乡土性：理解乡村社会变迁的一个理论框架》，《人文杂志》2016第11期。

［22］魏智慧：《乡土性与现代性：集镇社区动员机制的可行性分析》，《社会科学战线》2016年第8期。

［23］杨云彦：《九十年代以来我国人口迁移的若干新特点》，《南方人口》2004年第3期。

［24］杨莉明：《"非主流"与"火星文"的一代——"90后"网络媒体形象初探》，《中国青年研究》2009年第8期。

［25］刘晓东：《论儿童文化——兼论儿童文化与成人文化的互补互哺关系》，《华东师范大学学报》（教育科学版）2005年第2期。

［26］刘君：《露天电影：从流动影像放映到公共生活建构》，《东南学术》2013年第2期。

［27］张新科：《文化掮者·社会徙者·政治佣者·生活使者——二十世纪50—80年代中国农村电影放映员社会角色评判》，《南京理工大学学报》（社会科学版）2006年第2期。

［28］谢丽丽：《"私了"的乡土性及其现代价值——以闫老汉死亡事件为例》，《华中农业大学学报》（社会科学版）2016年第5期。

［29］厉以宁：《缩小城乡收入差距促进社会安定和谐》，《北京大学学报》（哲学社会科学版）2013年第1期。

［30］赵金录：《论我国少儿电视动画片在儿童社会化中的不足》，《电化教育研究》1999年第4期。

［31］黄鸣奋：《互联网与艺术》，《学术月刊》2007年第6期。

［32］刘丽群、沈良：《乡村传统游戏流失的原因分析》，《学前教育研究》2012年第3期。

［33］张庆鹏、刘静丽、黄慧、黎洁、寇彧：《冲突情境中青少年的亲社会意图：预期重要他人观点的影响》，《心理发展与教育》2012年第4期。

［34］段文婷、江光荣：《计划行为理论述评》，《心理科学进展》2008年第2期。

［35］寇彧、张庆鹏：《青少年亲社会行为的概念表征研究》，《社会学研究》2006第5期。

［36］骆文淑、赵守盈：《多维尺度法及其在心理学领域中的应用》，《中国考试》2005年第4期。

［37］周宗奎、孙晓军、赵冬梅、田媛、范翠英：《同伴关系的发展研究》，《心理发展与教育》2015年第1期。

［38］马银华、王彩霞：《儿童游戏的精神意蕴及其启示》，《教育导刊》2016年第5期。

［39］韦陀：《电视动画片与儿童教育》，《中国电视》1996年第6期。

［40］罗青、周宗奎、魏华、田媛、孔繁昌：《羞怯与互联网使用的关系》，《心理科学进展》2013年第9期。

［41］胡阳、范翠英、张凤娟、谢笑春、郝恩河：《青少年网络受欺负与抑郁：压力感与网络社会支持的作用》，《心理发展与教

育》2014年第2期。

［42］贺金波、陈昌润、贺司琪、周宗奎：《网络社交存在较低的社交焦虑水平吗？》，《心理科学进展》2014年第2期。

［43］李媛、周晓霞：《我国青少年网络阅读现状分析》，《图书馆学研究》2013年第3期。

［44］华斌：《少年儿童图书馆开展少儿网络阅读指导研究——以扬州市少年儿童图书馆为例》，《图书馆工作与研究》2012年第12期。

［45］于丽波：《概论图书馆对少年儿童网络阅读的指导对策》，《黑龙江史志》2012年第23期。

［46］郝戈非：《关于少年儿童网络阅读指导工作的探讨》，《中小学图书情报世界》2009年第10期。

［47］陈鹏飛：《少年儿童网络阅读现象及对策》，《大众文艺（理论）》2008年第10期。

［48］蔡楚舒：《网络阅读与少年儿童阅读指导工作》，《中小学图书情报世界》2006第4期。

［49］钟芳芳、朱小蔓：《重构爱的联结：乡村教师对留守儿童家庭的情感教育支持》，《教育理论与实践》2017年第4期。

［50］叶敬忠、王伊欢、张克云、陆继霞：《父母外出务工对留守儿童情感生活的影响》，《农业经济问题》2006年第4期。

［51］丁海东：《儿童精神的人文品性及其教育诉求——文化二维论视野下的儿童精神及教育》，《西北师范大学学报》（社会科学版）2010年第5期。

［52］丁海东：《儿童游戏权面临重重困局》，《中国社会科学报》2010-03-18（009）。

［53］丁海东：《儿童精神特质的人文解读——文化二维论视野下的

儿童精神》,《学前教育研究》2009年第9期。

［54］丁海东:《论儿童精神的潜意识化》,《学前教育研究》2006年第5期。

［55］丁海东:《论儿童的游戏精神》,《山东师范大学学报》(人文社会科学版)2006年第1期。

［56］丁海东:《制造恐惧的教养儿童成长的精神藩篱》,《家庭健康》2003年第11期。

［57］吴晓蓉、张诗亚:《贵州省民族文化进校园的教育人类学考察》,《民族教育研究》2011年第3期。

［58］李实、罗楚亮:《我国居民收入差距的短期变动与长期趋势》,《经济社会体制比较》2012年第4期。

［59］任玉岭:《缩小"四大差距"比涨工资重要》,《人民文摘》2012年第1期。

［60］朱永新:《让乡村儿童不再留守(建言)》,《人民日报》2015-11-04(20)。

后　记

　　经过三年时间的艰苦努力，教育部人文社科一般项目"乡村儿童精神生活的三十年变迁研究——基于鲁南四村的历史人类学考察"课题组完成了当初设定的研究任务。

　　本课题在研究过程中受到许多领导和专家的宝贵指导和帮助，尤其是杨润勇、赵昌木、赵耀培、孙业森、张格、吉标等。

　　在资料整理过程中，孙焕盟、张曦林、李晓丹承担了大量工作。在访谈调研过程中，各市教育局和相关村的干部、村民给予了大力支持。

　　在这个时候，作为项目主持人，感谢为课题完成付出了智慧和劳动的所有人，包括我们课题组的所有成员；感谢项目承担单位山东管理学院对于课题组科研工作提供的有利条件。

　　今天，本课题的成果即将出版，我们不敢妄谈创造，但它毕竟是我们集体智慧的成果，是反映乡村儿童精神生活三十年变迁的一个事实材料，希望能引起社会、教育部门以及相关学者、专家的关注，力求达到抛砖引玉之初衷。

　　最后，我们恳切盼望得到各位专家学者和社会各界的批评和指正。

马银华